punctum 023

Irina Rastorgueva
Das Russlandsimulakrum
Kleine Kulturgeschichte des politischen Protests in Russland

mit einer Meme-Collage
von Irina Rastorgueva

Matthes & Seitz Berlin

Januar

In Samara findet eine Verhandlung im Fall Sergej Ryzhov statt. Der 1984 geborene Physiker und Menschenrechtsaktivist gilt als Anführer der Saratower Bewegung »Spaziergänge des freien Volkes«. Er wurde 2017 verhaftet und der Vorbereitung eines terroristischen Akts sowie des Besitzes von Sprengstoff angeklagt. Ryzhov erklärte sich für unschuldig. Im Jahr 2019 erlitt er in der Isolationszelle einen Oberschenkelhalsbruch. Rechtzeitige medizinische Versorgung wurde ihm verweigert. Ryzhov wird im Rollstuhl vor Gericht gebracht. Das Verfahren läuft seit vier Jahren, die nächste Verhandlung ist für Oktober angesetzt. Bis dahin wird Ryzhov in Untersuchungshaft bleiben.

Das Bildungsministerium der Russischen Föderation streicht die obligatorische Abschlussprüfung in einer Fremdsprache. Irina Volynets, Vorsitzende des Nationalen Elternkomitees Russlands, die die Initiative zur Abschaffung der Prüfung ergriffen hatte, betont, dass die Vorbereitung der Kinder auf die Prüfung in einer vo zum Flughafen Scheremetjewo umgeleitet, wo Nawalnyj unmittelbar nach der Ankunft festgenommen wird.

US-Astronauten teilen ihre Mahlzeiten mit den russischen Kollegen an Bord der Internationalen Raumstation. Die Kosmonauten der Russischen Föderation hatten wegen der Verschiebung des Starts von Progress MS-16 keine Verpflegung erhalten.

Wladimir Putin nimmt am Dreikönigstag ein Eisbad. Der 68-Jährige bekreuzigt sich vor einem Kreuz aus Eis, während er in eine kreuzförmig ausgeschlagene Öffnung ins Wasser steigt. Eine traditionelle Handlung des Präsidenten, wie sein Sprecher Dmitri Peskow mitteilt.

Februar

Wladimir Putin legt anlässlich des 90. Geburtstages von Boris Jelzin ein Blumengebinde am Grab des ersten russischen Präsidenten auf dem Moskauer Nowodewitschi-Friedhof nieder.

Der Russische Föderationsrat diskutiert die Sperrung von Facebook, Twitter, Instagram, Telegram und TikTok.

Anastasia Proskurina, leitende Forscherin am Nowosibirsker Institut für Zytologie und Genetik, weist Wladimir Putin auf die niedrigen Gehälter von Wissenschaftlern hin. Ihr Gehalt beträgt 25 000 Rubel (etwa 310 Euro) pro Monat. Der Präsident ordnet an, sich mit der Situation zu befassen. Nach der Rede erscheinen Sicherheitsbeamte der regionalen Abteilung des Russischen Ermittlungskomitees bei Frau Proskurina, um herauszufinden, wer sie »ermutigt« habe, eine »unkoordinierte und spontane« Rede an den Präsidenten zu halten, die die Umsetzung der Präsidialdekrete zur Erhöhung der Gehälter von Forschern in der Nowosibirsker Region infrage stellt.

Im Laufe der mit Nawalnyjs Prozess einhergehenden Proteste haben die russischen Sicherheitskräfte ihre Anschaffungen von Polizeiwagen, gepanzerten Fahrzeugen und Spezialausrüstung verstärkt. Insgesamt 903 Millionen Rubel (etwa 11 287 500 Euro) aus dem föderalen Haushalt werden für die Nationalgarde Rosgvardia und den Föderalen Strafvollzugsdienst ausgegeben.

Mehr als 180 Akademiker, Menschenrechtsaktivisten, Journalisten und Vertreter anderer Berufsgruppen haben einen offenen Brief unterzeichnet, in dem sie die Gewalt bei friedlichen Protesten verurteilen und ein Ende der Schikanen gegen Demonstranten fordern. Die Geldstrafen für den Ungehorsam gegenüber Vollzugsbeamten werden vervierfacht. Erste Strafanzeigen gegen die Demonstranten wurden bereits im Januar bei den Gerichten eingereicht.

Die Abteilung des Föderalen Strafvollzugsdienstes des Moskauer Gebiets beschließt den Bau eines neuen Untersuchungsgefängnisses mit 1 200 Plätzen in Solnechnogorsk.

Außenminister Sergej Lawrow bezeichnet die Europäische Union als Verursacherin des schrittweisen Abbruchs der Beziehungen zu Russland.

In Nischnewartowsk halten Rosgvardia-Beamte offene Unterrichtsstunden für Schulkinder ab, in denen sie Demonstranten und Bereitschaftspolizisten spielen und so die Situation einer Kundgebung simulieren. Die Kinder sind mit Schutzausrüstungen und Gummiknüppeln ausgerüstet.

Der Föderale Steuerdienst Russlands kündigt an, den Dienst »Persönliches Konto des Steuerzahlers« mit sämtlichen Online-Banking-Daten der Nutzer zusammenzuführen. Auf diese Weise soll der Steuerdienst die Korrespondenz zwischen Einnahmen und Ausgaben russischer Bürger besser kontrollieren können.

In der Stadt Kemerowo schlägt ein Mann über zwei Stunden lang seine Freundin. Nachbarn rufen sieben Mal die Polizei und versuchen, die Tür zu seiner Wohnung aufzubrechen. Als die Polizei eintrifft, ist die junge Frau tot.

Wladimir Putin legt Blumen am Grab des Unbekannten Soldaten in Moskau nieder.

Das Moskauer Bürgermeisteramt wird 1 Milliarde Rubel (12 Millionen Euro) für ein neues System zur Überwachung der Fahrgäste in der U-Bahn ausgeben – Bildschirme, die Werbung anzeigen und gleichzeitig die Menschen kameratechnisch überwachen. Das Projekt soll bis Ende 2021 umgesetzt werden.

In der Region Kaluga fordert die Staatsanwaltschaft Geld zurück, das für die Behandlung eines Inhaftierten ausgegeben wurde. Der Mann verbüßte seine Strafe in der Kolonie Nummer 3 und verschluckte als Zeichen des Protests drei Nähnadeln.

Mit Sierra Leone wird ein Abkommen über die Nichtverbreitung von Waffen zunächst im Weltraum unterzeichnet. »Dies ist ein weiterer wichtiger Schritt, um ein Wettrüsten im Weltraum zu verhindern«, so das russische Außenministerium in einer Erklärung. Sierra Leone ist eine Republik in Westafrika. Das Land liegt beim Pro-Kopf-BIP auf Platz 177 der Weltrangliste, mehr als 70 Prozent der Einwohner leben unterhalb der Armutsgrenze.

Der 60. Jahrestag des Weltraumfluges von Juri Gagarin wird mit zahlreichen Veranstaltungen begangen. Die spektakulärste wird eine Parade von Motorseglern sein. Sie ist nicht nur auf Juri Gagarins Flug abgestimmt, sondern auch auf den 800. Jahrestag des heiligen Fürsten Alexander Newski. Die Aktion trägt den Namen »Himmlische Heerscharen«.

Der Anteil der Russen, die zum Sparen gezwungen sind, ist auf 70 Prozent angestiegen. 38 Prozent der Verbraucher haben kein Vertrauen in die Zukunft – ein Rekord unter den europäischen Ländern.

März

Die Staatsduma bereitet ein Gesetz vor, das Mitgliedern einer als ausländischer Agent eingestuften Nichtregierungsorganisation verbietet, gewählt zu werden.

Die Moskauer Behörden haben erlaubt, am Stalin-Gedenktag, der auf den 5. März, den Todestag des Generalissimus, fällt, Blumen an Stalins Grab niederzulegen. Der Gedenktag ist eine Initiative der Kommunistischen Partei der Russischen Föderation.

Der Föderale Dienst für staatliche Statistik vermeldet den »natürlichen Rückgang« der Bevölkerung im Januar 2021 um 113 000 Menschen. Die Zahl der Sterbefälle im Vergleich zum Januar 2020 ist um 33,9 Prozent gestiegen.

Der Duma-Abgeordnete von »Einiges Russland« Anatoli Wyborny schlägt vor, dass Personen, die Gerüchte über Preiserhöhungen verbreiten, mit bis zu 3 Jahren Gefängnis bestraft werden sollen.

Ein Gericht hat einen Moskauer Polizisten, der einem 13-jährigen Mädchen ins Bein geschossen hatte, nachdem sie sich geweigert hatte, mit ihm Sex zu haben, zu einer Bewährungsstrafe verurteilt. Er kann anschließend wieder in Dienst gestellt werden.

Das Gesetz zur Entlastung von Beamten wegen »zufälliger« Korruption wird in erster Lesung von der Duma angenommen.

Die Behörden verbannen ausländische Software, einschließlich Microsoft Windows und Office, aus russischen Schulen.

Die Staatsduma schlägt vor, dass die Fernsehsender weniger über Auslandsurlaube von Russen berichten.

Die Polizei unterbricht ein Forum unabhängiger Kommunalabgeordneter, das in Moskau eröffnet wird. Dutzende Polizeibeamte dringen gleich zu Beginn in den Saal ein und zerren rund 200 Teilnehmer in Polizeifahrzeuge. Unter ihnen befinden sich der ehemalige Bürgermeister von Jekaterinburg, Jewgeni Roizman, der Publizist Wladimir Kara-Murza, der Vorsitzende des Abgeordnetenrats des Bezirks Krasnoselskij sowie Ilja Jaschin und Andrej Piwowarow, die Geschäftsführer von »Offenes Russland«. Der offizielle Grund für die Verhaftung ist die Zusammenarbeit mit einer unerwünschten ausländischen Organisation, ebenso die »Verletzung der geltenden sanitären und epidemiologischen Vorschriften«.

Die Regierung der Russischen Föderation legt der Duma einen Gesetzentwurf zur Einrichtung einer Informationsdatenbank für extremistisches Material vor.

Der russische Federal Financial Monitoring Service (das föderale Exekutivorgan, das für die Kontrolle und Überwachung von Steuern, Abgaben und anderen obligatorischen Zahlungen zuständig ist) deckt das »Durchsickern« einer halben Billion Rubel (ca. 6 250 000 000 Euro) bei der Durchführung nationaler Projekte auf.

Der amtierende Leiter der Stadtverwaltung von Ust-Kut in der Region Irkutsk, Jewgenij Kokscharow, untersagt die Beobachtung des Mondes während der »Weltnacht der Bürgersteig-Astronomie 2021«. Der Bürgermeister begründet das Verbot mit dem Druck durch den örtlichen FSB und der Befürchtung, dass bei der Veranstaltung Propagandamaterial verteilt werden könnte.

Roskomnadzor, Föderaler Dienst für die Aufsicht im Bereich der Informationstechnologie und Massenkommunikation (die für Regulierungs-, Aufsichts- und Zensurfragen und Datenschutz zuständige Behörde), bereitet eine Anordnung vor, die von neuen Nutzern sozialer Netzwerke und Messenger die Angabe von Passnummer, Wohnadresse, Telefonnummer und E-Mail verlangt.

Wladimir Putin kündigt an, die Einrichtung eines eigenen präsidialen Blogs zu erwägen.

Die Polizei in Moskau hat eine Stelle für einen Scharfschützen ausgeschrieben, der bei öffentlichen Veranstaltungen eingesetzt werden soll. Gehalt 55 000 bis 65 000 Rubel (687 bis 812 Euro) monatlich.

Russland konzentriert Truppen an der ukrainischen Grenze.

April

Der Pressesprecher von Wladimir Putin, Dmitri Peskow, teilt mit: »Was die Beteiligung russischer Truppen am bewaffneten Konflikt auf dem Territorium der Ukraine betrifft, so haben russische Truppen nie daran teilgenommen und nehmen auch nicht daran teil.«

Seit dem 1. Februar, dem Tag des Inkrafttretens des Gesetzes über das Verbot unflätiger Sprache und des Fluchens im Internet, haben russische Nutzer 20,2 Millionen Beiträge mit unflätiger Sprache verfasst – verglichen mit dem Zeitraum Februar–März 2020 ein Anstieg um 10 Prozent.

Für die Ankündigung von Putins jährlicher Rede zur Lage der Nation am 21. April werden 95 Millionen Rubel – etwa 1 100 000 Euro – Werbekosten ausgegeben.

Das Staatliche Eremitage-Museum in St. Petersburg erhält laut Generaldirektor Michail Piotrowski eine offizielle Beschwerde über den negativen Einfluss von Nacktskulpturen auf minderjährige Besucher.

Änderungen des Föderalen Gesetzes über das Bildungswesen werden verabschiedet. Alle Bildungsaktivitäten (einschließlich Koch-Blogs, Online-Meisterkurse in Zeichnen oder Nähen, psychologisches Training, Exkursionen usw.) werden von nun an vom Staat kontrolliert.

Russland erweitert seine militärischen Kapazitäten an der Grenze zur Ukraine.

Auf der Website des Bürgermeisteramtes von Tscherepowez wird der Erlass »Über die Organisation der dringenden Bestattung von Leichen in Kriegszeiten« veröffentlicht. Die Beamten sollen mögliche Begräbnisstätten innerhalb der Stadt vorbereiten.

Die Theologische Kommission der Russisch-Orthodoxen Kirche stellt ein Dokument vor, das die Praxis des Exorzismus regelt.

Verteidigungsminister Schoigu kündigt das Ende der Übungen zur Überprüfung der Kampfbereitschaft der Truppen des südlichen und westlichen Militärbezirks an und ordnet an, die an der Grenze zur Ukraine versammelten Einheiten an ihre ständigen Einsatzorte zurückzuverlegen.

Russland listet die USA als »unfreundliches Land« auf.

Wladimir Putin unterzeichnet das Gesetz über Geldstrafen für die Nichterwähnung des Status »ausländischer Agentenmedien« und die »missbräuchliche Verwendung« von Presseausweisen bei Kundgebungen.

Mai

Sicherheitsratssekretär Patruschew erklärt, Iwan der Schreckliche sei ein Opfer westlicher russophober Propaganda gewesen, die die Aufmerksamkeit der Europäer von der Inquisition ablenken wollte.

In der Staatsduma wird ein Gesetzentwurf eingebracht, der es verbietet, die Ziele und Handlungen der UdSSR und Nazideutschlands im Zweiten Weltkrieg öffentlich zu vergleichen sowie die entscheidende Rolle des sowjetischen Volkes bei der Niederlage Nazideutschlands und die humanitäre Mission der UdSSR bei der Befreiung der europäischen Länder zu leugnen.

In der Region Twer findet am 9. Mai eine Parade von »Babytruppen« statt, die aus Kindergartenkindern bestehen. In der russischen Stadt Lichoslawl haben Kinder ein Theaterstück zur Feier des 9. Mai, dem Tag des Sieges, vorbereitet. Dabei stellen Schulkinder auf der Bühne die Gräber gefallener Rotarmisten dar. In der Region Irkutsk marschieren Schulkinder aus Unarmia zu Ehren der »Putin-Ära« mit Porträts des Präsidenten in der Hand. Die Prozession begann am Lenin-Denkmal und fiel zeitlich mit dem St.-Georgs-Tag zusammen.

Der russische Ministerpräsident Michail Mischustin erklärt, die russische Wirtschaft habe das BIP-Wachstum des Jahres 2019 erreicht, die Industrie habe einen Durchbruch bei der Importsubstitution erzielt und die Einkommen der Bürger stiegen stetig.

Wladimir Putin wird für den Friedensnobelpreis nominiert.

Die Russische Agentur für internationale Informationen RIA Novosti veröffentlicht eine Liste von Ländern, die der Russischen Föderation gegenüber unfreundlich eingestellt sind. Auf der Liste stehen nur zwei Länder: die Vereinigten Staaten und die Tschechische Republik.

In Nowosibirsk wird ein Friedhofswettbewerb angekündigt – ein Wettlauf mit Särgen. Er findet im Rahmen der Ausstellung »Nekropolis Sibirien« statt.

Der staatliche Fernsehsender Rossija 1 meldet, dass im Donbass auf persönliche Anweisung Präsident Bidens eine Attacke ukrainischer Homosexueller organisiert wurde und dass bereits Konvois von Homosexuellen dorthin geschickt würden, die gegen die Bevölkerung vorgehen.

Alexander Kalaschnikow, Direktor des Föderalen Strafvollzugsdienstes (FSIN), schlägt einen aktiveren Einsatz von Häftlingen in Gebieten vor, in denen normalerweise Wanderarbeiter beschäftigt sind. Ihm zufolge hätten derzeit 188 000 Menschen Anspruch darauf, dass ihre Strafe in Zwangsarbeit umgewandelt wird.

Verteidigungsminister Sergej Schoigu erklärt, dass Russland mit der Massenproduktion selbstständig agierender Kampfroboter mit künstlicher Intelligenz begonnen hat.

Der letzte Tag des Internationalen Buchsalons auf dem Palastplatz in St. Petersburg wird mit einem Flashmob »Dostojewski tanzt« gefeiert. Jeder kann mit einer Dostojewski-Maske tanzen. »Komm, zieh eine Maske von Fjodor Michailowitsch über, komm und tanze so, tanze, wie er es tun würde, aus dem Herzen heraus«, sagen die Organisatoren.

Folgende Staatsoberhäupter gratulierten Syriens Präsident Assad zu seinem Wahlsieg: der Chef der libanesischen Hisbollah, der irakische Schiitenführer al-Sadr, der russische Präsident, der iranische Präsident, der libanesische Präsident, der palästinensische Präsident, der Führer Nordkoreas, der venezolanische Präsident und der kubanische Präsident.

In der Region Nowosibirsk stirbt ein Häftling, dem ein Polizeibeamter bei der Verhaftung in den Kopf geschossen hatte. Die Untersuchungskommission erklärt, es habe sich um einen Unfall gehandelt. Das Krankenhaus meldet: »Die Ärzte haben getan, was möglich war, alles hing vom Patienten ab.«

Juni

In Nabereschnyje Tschelny in Tatarstan wird der Asphalt vor dem Automobilwerk KAMAZ-Werk anlässlich des Besuchs von Premierminister Michail Mischustin dunkelblau gestrichen.

Wladimir Putin unterzeichnet ein Gesetz, das Personen, die extremistischen Organisationen angehören, die Teilnahme an Wahlen auf allen Ebenen untersagt.

Ein Demonstrant, der die Auferstehung Lenins forderte, wird vor dem Mausoleum in Moskau festgenommen.

Alexej Nawalnyj erhält den internationalen Courage-Menschenrechtspreis. Für den Inhaftierten nimmt seine Tochter den Preis in Genf entgegen.

Das Moskauer Stadtgericht erklärt Nawalnyjs Stiftung für Korruptionsbekämpfung zu einer extremistischen Organisation. Ihre Aktivitäten werden offiziell untersagt.

Wladimir Putin verurteilt den ukrainischen Gesetzentwurf über »indigene Völker«. Die Einteilung der Menschen in indigene, nicht-indigene und andere Kategorien sei ähnlich der Rassenpolitik Nazideutschlands. Präsident Putin erinnert zugleich daran, dass der ukrainische Präsident jüdischer Abstammung ist.

Die Staatsduma verabschiedet in dritter und letzter Lesung einen Gesetzentwurf, der die Gleichsetzung der Handlungen der UdSSR und Nazideutschlands während des Großen Vaterländischen Krieges verbietet.

Die Abgeordneten der Duma schlagen vor, die Finanzierung von Organisationen, deren Aktivitäten in Russland als unerwünscht gelten, mit bis zu fünf Jahren Gefängnis zu bestrafen.

Ein gepanzertes Spezialfahrzeug wird eingesetzt, um einen Teil der Ewigen Flamme feierlich vom Grab des Unbekannten Soldaten im Alexandrowski-Garten zur Hauptkirche der russischen Streitkräfte zu bringen. Das Verteidigungsministerium veröffentlicht Aufnahmen aus dem Innern des Fahrzeugs, das die Flamme transportiert. Sie wird Teil der Feierlichkeiten zum 80. Jahrestag des Beginns des Großen Vaterländischen Krieges sein. Soldaten werden Kirchenkerzen an der Flamme entzünden, die Lampen werden an die verschiedenen Militärbezirke geliefert.

Nach Angaben von Rosstat ist die Zahl der Rentner in Russland zwischen dem 1. Januar 2019 und dem 1. April 2021 von 43,865 Millionen auf 42,598 Millionen gesunken, ein Minus von 1,276 Millionen Menschen – die höchste Zahl an Verstorbenen in der Geschichte der verfügbaren Statistiken seit der Hungerkatastrophe von 1947.

Das von Wladimir Putin 2018 gesteckte Ziel, zu einer der fünf größten Volkswirtschaften der Welt zu werden, wurde im Jahr 2020 auf unerwartete Weise erreicht. Wie Analysten der Bank Credit Suisse in ihrem jährlichen *Global Wealth Report* errechneten, rangiert Russland unter den 50 größten Volkswirtschaften der Welt unter den ersten fünf – wenn es um die Geschwindigkeit geht, mit der das Vermögen der Menschen sinkt.

Wladimir Putin unterzeichnet ein Gesetz, das es erlaubt, die Einnahmen aus dem Export von Gold, Metallen und Getreide im Westen zu belassen.

Juli

Wladimir Putin unterzeichnet ein Gesetz, das es verbietet, Bilder der Kriegsverbrecher des Zweiten Weltkriegs zu zeigen und Nazi-Utensilien zu verbreiten.

Das Gesetz ändert Artikel 6 des Föderalen Gesetzes »Über das Gedenken an den Sieg des sowjetischen Volkes im Großen Vaterländischen Krieg von 1941–1945« und Artikel 1 des Föderalen Gesetzes zur Bekämpfung extremistischer Aktivitäten.

Putin unterzeichnet ebenfalls ein Gesetz, wonach die Bezeichnung »Champagner«, die in Russland für jeden Schaumwein verwendet wird, nur für in Russland hergestellte Produkte verwendet werden darf. Alles andere, auch Champagner aus der französischen Provinz Champagne, muss künftig als »Schaumwein« bezeichnet werden.

Das Bildungsministerium kündigt die Einführung eines Patriotischen Unterrichts an den russischen Schulen ab 1. September 2021 an. Die Schulen werden die Kinder zu »Gefühlen von Patriotismus und Staatsbürgerschaft, Respekt vor dem Andenken der Verteidiger des Vaterlandes« erziehen.

Vertreter der in Russland als Terrororganisation verbotenen Taliban treffen in Moskau zu Gesprächen mit dem Sonderbeauftragten für Afghanistan, Samir Kabulow, ein.

Das Krematorium in St. Petersburg ist wegen der hohen Zahl an Toten überfüllt. Angehörige verstorbener St. Petersburger entscheiden sich zunehmend für die Einäscherung. Da es auf den Friedhöfen in St. Petersburg kaum noch freie Grabplätze gibt, hat die traditionelle Bestattungsart ungeheure Preise erreicht.

Die Sprecherin des russischen Außenministeriums, Maria Sacharowa, beschuldigt einen Beamten der US-Botschaft, ein Weichensignal an einer Bahnstrecke bei Ostaschkow in der Region Twer gestohlen zu haben.

Wladimir Putin publiziert einen Artikel über die Ukraine. Leitgedanke des Artikels ist, dass der einzige wirkliche Staat im postsowjetischen Raum die Russische Föderation ist, und ihre historische Mission darin besteht, »unsere Länder« und die »dreieinige slawische Nation« zusammenzuführen.

Außenminister Sergej Lawrow gibt an, neue Versuche des Westens, die Lage in Russland im Vorfeld der Dumawahlen zu untergraben und Proteste zu provozieren, nicht ausschließen zu können. »Wir sind uns solcher Pläne bewusst, aber wir werden uns in erster Linie von der Position und der Meinung unseres Volkes leiten lassen, das in der Lage ist, die Handlungen der Behörden zu bewerten und sich dazu zu äußern, wie sein Land sich weiterentwickeln möge.«

Verteidigungsminister Sergej Schoigu bezeichnet die russischen Streitkräfte als die modernste Armee der Welt.

Wladimir Putins Artikel »Über die historische Einheit von Russen und Ukrainern« wird als Pflichtthema in die militärische und politische Ausbildung der Soldaten aufgenommen.

Das Zentrale Wahlkomitee sperrt den Zugang zum einzigen offenen Portal für die Beobachtung von Wahlgängen. Dort konnten Videoüberwachungsaufnahmen eingesehen werden. Nur die zentralen, regionalen, territorialen und bezirklichen Wahlkommissionen sowie die Kandidaten und Parteien haben Zugang zu diesem Portal. Die Kandidaten können ausschließlich Aufnahmen aus den eigenen Wahlkreisen einsehen.

Die Partei »Einiges Russland« erörtert Maßnahmen, um die Kosten für »Borschtsch-Set«-Produkte zu senken: Karotten, Zwiebeln, Kartoffeln, Rote Beete, Kohl. Etwa jede zweite Beschwerde von Bürgern beträfe die steigenden Preise dafür, so der Pressedienst der Partei.

Bei einem informellen Treffen der Staats- und Regierungschefs des Asiatisch-Pazifischen Kooperationsforums verkündet Wladimir Putin, dass die Folgen der Coronapandemie in Russland im Allgemeinen überwunden seien und dass die Wirtschaft des Landes sich erholt habe: »Wir haben eine Reihe von Maßnahmen ergriffen, die darauf abzielen, Einkommen und Beschäftigung zu erhalten, die Wirtschaft zu unterstützen, Verluste zu verringern und die am stärksten betroffenen Sektoren zu unterstützen.«

Die russischen Produktionskapazitäten für medizinischen Sauerstoff sind unzureichend, sodass das Land gezwungen ist, Sauerstoff im Ausland zu erwerben, teilt Denis Manturow, Minister für Industrie und Handel, auf einer Sitzung des Präsidiums des Koordinierungsrates zur Bekämpfung der Coronavirusinfektion mit. Bereits 2017 hatte sich Manturow wegen der »positiven Auswirkungen auf die Entwicklung der heimischen Produktion« dankbar für die westlichen Sanktionen gezeigt.

Wladimir Putin bringt in der Staatsduma einen Gesetzentwurf ein, dessen Umsetzung die Verlängerung der Dienstzeit von Marschällen, Generälen und Admirälen nach Erreichen des Altersgrenze von 70 Jahren ermöglichen würde.

Die russische Botschaft in Österreich berichtet auf ihrer Facebook-Seite, dass Matthias Brandstetter, Österreicher, zehn Jahre alt, einen Brief an Wladimir Putin geschrieben hat. Die Botschaft veröffentlicht ein Foto des Briefes und stellt übersetzte Auszüge zur Verfügung. Matthias schreibt, seine Mutter stamme aus der Slowakei, er interessiere sich für Russland und habe begonnen, Russisch zu lernen. In dem Brief heißt es, dass Europa und Russland Nachbarn sind und »viel stärker zusammenarbeiten« sollten. »Es gibt viele Menschen in Europa, die Russland wohlgesonnen sind und sich eine engere Partnerschaft mit ihm wünschen. Doch der Kern meines Appells ist: Bitte verlieren Sie nicht das Vertrauen in Europa!«, berichtet die Botschaft.

Einzelhändler warnen vor einem Anstieg der Preise für Kleidung und Schuhe in Russland um 20 Prozent.

Das Verteidigungsministerium wird 50 Millionen Rubel (625 000 Euro) für aufblasbare Panzer, Flugzeuge und Raketen ausgeben, meldet das Portal für öffentliches Auftragswesen. Für diesen Betrag will das Ministerium »pneumatische Modelle« des Panzers T-72, des Kampfjets Su-27, des Abfangjägers MiG-31 sowie der Raketensysteme Buk und Iskander kaufen. Beabsichtigt wird, diese Modelle zu nutzen, um »den Feind zu verwirren und falsche Ziele zu schaffen«.

Der Gouverneur des Gebietes Tomsk, Sergej Schwatschkin, ordnet an, das Plakat für das Stück »Sergej ist sehr dumm« von der Fassade des Tomsker Theaters zu entfernen. Vor 10 Jahren wurde in Omsk am Tag des Besuchs des Staatspräsidenten das Plakat für »Wir warten auf dich, lustiger Zwerg« ohne weitere Begründung abmontiert. Es war an der Route der Präsidentenkolonne angebracht worden. Zu dieser Zeit war Dmitri Medwedew Präsident der Föderation.

Patrouillenfeldwebel Schamkin wird während der Prozession zu Ehren des 800. Jahrestages von Alexander Newski von betrunkenen Gläubigen verprügelt. Schamkin war der Prozession zugeteilt worden, um in den orthodoxen Reihen für Ordnung zu sorgen. Mehrere Männer und eine Frau in der Prozession waren betrunken. Der Wachtmeister machte eine Bemerkung, die bei den Gläubigen nicht gut ankam. Die Männer schlugen den Feldwebel mit Fäusten, die Frau mit ihrem Banner und Heiligenbildern vor der Wand des Nikolausklosters. Nach vorläufigen Angaben entkam Schamkin aus den Händen der Anbeter. Ein Strafverfahren wegen Gewaltanwendung gegen einen Vertreter der Staatsmacht wurde eingeleitet.

Die erste »abnormale Situation« mit dem an die internationale Raumstation angedockten russischen Modul »Nauka« (Wissenschaft) trat anderthalb Stunden nach dem Andocken auf. Astronauten meldeten dem Kontrollzentrum, dass die Orientierungstriebwerke des Moduls überraschend eingeschaltet wurden, was zu einer Änderung der Ausrichtung der gesamten Station führte.

Wladimir Putin versichert dem türkischen Präsidenten Erdoğan, dass Russland der Türkei weiterhin bei der Brandbekämpfung helfen werde. Elf Ausrüstungseinheiten, darunter fünf Flugzeuge und drei Hubschrauber, wurden zu diesem Zweck bereitgestellt. In Jakutien toben zur gleichen Zeit 161 Waldbrände, nur sieben Brände sind in den Tagen zuvor gelöscht worden. Auch in Karelien gibt es Brände, aber weder Kräfte noch Mittel, um sie zu löschen. Die Stadt Petrosawodsk ist von Rauch und Smog verhängt. Informationen in der Presse oder im Fernsehen dazu gibt es nicht.

Nach dem Verlust der mehr als 70 Tonnen schweren militärischen Befestigung »Pantsir-2PU« – eine Art mobilen Metallbunkers – in der Oblast Leningrad wurde ein Strafverfahren eingeleitet. Es wird vermutet, dass die Festung von einem der Offiziere der Militäreinheit demontiert und verschrottet wurde.

August

Das Ausmaß der Kinderarmut in Russland nimmt zu: Nach jüngsten Erhebungen der Föderalen Behörde für staatliche Statistik, Rosstat, lebt fast ein Viertel der Minderjährigen in armen Familien. Erhebungen des Jahres 2020 zufolge leben mehr als 12 Prozent der Gesamtbevölkerung unterhalb der Armutsgrenze.

Wladimir Putin erklärt, dass er es sich zur Aufgabe gemacht habe, den Trend zum Aussterben der Bevölkerung des Landes, der sich in den letzten fünf Jahren beschleunigt hat, so schnell wie möglich zu stoppen. Die russische Regierung muss »sicherstellen, dass das Bevölkerungswachstum bis 2024 einen positiven Trend erreicht«, heißt es in einer Liste von Putins Anweisungen nach einem Treffen mit Mitgliedern des Kabinetts am 19. Juli.

Um die Belastung der föderalen und regionalen Haushalte durch Zahlungen an Opfer von Naturkatastrophen zu verringern, deren Zahl mit Überschwemmungen, Bränden und anderen Notfällen zunimmt und den Bürgern jährlich Entschädigungen in Milliardenhöhe abverlangen, prüft die russische Regierung die Möglichkeit der Einführung einer Pflichtversicherung für Notfälle in Gebieten mit hohem Risiko.

Wladimir Putin gibt bei einem Treffen mit Regierungsmitgliedern Anweisungen zur Stabilisierung der Lebensmittelpreise, die im Jahr der Wahlen zur Staatsduma in die Höhe geschnellt waren.

Alexej Nawalnyj wird nach Artikel 239 des russischen Strafgesetzbuchs »Gründung einer nichtkommerziellen Organisation, die die Persönlichkeit und die Rechte der Bürger beeinträchtigt« angeklagt.

An einer Bushaltestelle in Woronesch ist ein Bus explodiert. Der ursprüngliche Bericht über die Explosion einer Gasflasche scheint nicht zuzutreffen – sowohl der Fahrer als auch das Transportunternehmen behaupten, dass es sich um einen Dieselbus handelte. Eine Person wurde getötet, 18 verletzt.

Russland wird seine Diplomaten nicht aus Kabul evakuieren. Die Taliban haben für ihre Sicherheit garantiert.

Der Gouverneur von Irkutsk berichtet Wladimir Putin, dass die Menschen bei der Eröffnung eines Kindergartens in Tulun geweint hätten. Er gibt an, dass es sich um Tränen des Glücks handelte.

Die Sarghersteller in Russland teilen den Bestattungsunternehmen mit, dass die Preise für ihre Produkte um 30 bis 60 Prozent gestiegen sind.

Wladimir Putin unterzeichnet Dekrete über zusätzliche Zahlungen an Militärs, Staatsanwälte und Rosgvardisten, die Beamten der Nationalgarde. Mehr als 11 Kategorien von Militärangehörigen und Strafverfolgungsbeamten, darunter Mitarbeiter des Untersuchungsausschusses, Zollbeamte und Kadetten, stehen auf der Liste. Sie erhalten einen Pauschalbetrag von 15 000 Rubel (etwa 187,50 Euro).

September

Die russische Regierung billigt ein Verbot des staatlichen Ankaufs von importierten Laptops, Tablets, tragbaren Computern und Chips. Betroffen davon ist ausländische Elektronik mit einem Gewicht von bis zu 10 Kilogramm. Ebenfalls von dem Verbot betroffen sind Lampen, Navigationsgeräte, Feuermelder, Tonanlagen, Computer und andere elektronische Geräte.

Es wird bekannt, dass im regionalen Tuberkulosekrankenhaus Nr. 1 des Föderalen Strafvollzugsdienstes in der Region Saratow Häftlinge gefoltert und vergewaltigt wurden. Angeblich wurden sie zur Behandlung aus anderen Haftanstalten hierhergebracht. Darüber berichtet *Gulagu.net* unter Berufung auf Dokumente aus dem Geheimarchiv des Föderalen Strafvollzugsdienstes in der Region. Sie enthalten Fotos und Videoaufnahmen der bekannt gewordenen Taten.

In St. Petersburg hat die Polizei drei Teilnehmer des jährlichen »D-Day-Festivals« zu Ehren des Schriftstellers Sergej Dowlatow festgenommen. Die Polizei kam während der Einweihung einer Skulptur des Hundes des Schriftstellers auf den Dowlatow-Platz am Zagorodniy-Prospekt. Die Leiterin des Festivals, Anastasia Printseva, der Projektkoordinator und Teilnehmer der Veranstaltung wurden verhaftet.

Das Moskauer Schiedsgericht untersagt Google und Yandex, das Begriffspaar »Smart Voting« von Alexej Nawalny in den Suchergebnissen anzuzeigen. Das geschieht als Sofortmaßnahme nach einer Klage der Sewastopoler Wolintertrade Company, die eine Marke ähnlichen Namens eingetragen hatte.

Das fünfte Treffen von Wladimir Putin mit Alexander Lukaschenko im Jahr 2021 findet statt. Bei den Treffen wurden 28 Programme zum Unionsstaat, dessen Gründung die Behörden beider Länder seit mehr als 20 Jahren planen, unterzeichnet. Eine mögliche politische Union Weißrusslands mit der Russischen Föderation ist aufgeschoben – zumindest bis 2027.

Die Sprecherin des Außenministeriums, Maria Sacharowa, beschuldigt die Initiatoren von »Smart Voting«, Verbindungen zum Pentagon zu haben.

Kinder von Mitarbeitern des Innenministeriums, Rosgvardia und Angestellten der Nationalgarde, die länger als 20 Jahre im Dienst sind, werden an Hochschulen, die der Zuständigkeit des russischen Innenministeriums unterstehen, bevorzugt zugelassen.

Die russische Regierung hat ein Programm zur freiwilligen Wiederansiedlung von im Ausland lebenden Russen genehmigt. Bis 2030 sollen mindestens 500 000 russische Bürger in ihr Heimatland zurückkehren. Zu diesem Zweck werden Gruppen von Mitarbeitern des Außen- und des Innenministeriums ins Ausland reisen, um das Umsiedlungsprogramm zu erläutern und die Menschen zur Rückkehr zu bewegen. Die Kosten für die Umsiedlung werden aus dem föderalen Haushalt bestritten.

In Russland haben Wahlen zur Staatsduma stattgefunden. »Einiges Russland« hat eine verfassungsmäßige Mehrheit von 49,8 Prozent errungen. Zahlreiche

Unregelmäßigkeiten wurden von unabhängigen Beobachtern festgestellt.

Russische Bürger dürfen kein Kleinvieh, einschließlich Hühner, auf Gartenland halten. Das Verbot wurde vom Obersten Gerichtshof bestätigt. Bei einem Verstoß gegen dieses Verbot haben Bürger eine Geldstrafe in Höhe von 10 000 Rubel zu zahlen.

»Es ist zu spät, den jetzigen Rentnern zu helfen. Es ist notwendig, heute schon die zukünftigen Rentner zu ermutigen, sich bis zur Pensionierung nicht nur auf den Staat zu verlassen, sondern auch auf das zu Lebzeiten angesammelte Kapital«, erklärt der erste stellvertretende Vorsitzende der Zentralbank Sergej Schwezow auf der erweiterten Sitzung des Ausschusses für Wirtschaftspolitik des Föderationsrates.

Ein Kapitel aus dem Chemiebuch *Organische Peroxide* von Vsevolod Karnozhitsky aus dem Jahr 1961 wird vom Bezirksgericht Ilinskiy der Region Perm als »Untergrabung der Staatssicherheit« eingestuft und mit einem Veröffentlichungsverbot belegt. Weder Inhalt noch Titel des betreffenden Kapitels dürfen genannt werden. Das Gericht verweist auf die Formel von Stoffen, die zur Herstellung von Sprengstoff verwendet werden können.

Die Hersteller von Mehl, Nudeln und Backwaren richten einen Appell an Wladimir Putin, in dem sie ihn bitten, Maßnahmen zur Senkung der Weizenpreise zu ergreifen. Die Kartoffelproduzenten sagen schlechte Ernten und einen harten Winter voraus.

Wladimir Putin plädiert bei einem Treffen mit den Parteichefs der in die achte Duma gewählten Parteien für eine staatliche Ordnung der Medien. »Die Medien sollten mehr über das wirkliche Leben im Land und die Helden des Alltags, die die Zukunft des Landes gestalten und hervorragende Ergebnisse erzielen, berichten, statt in der schmutzigen Wäsche einiger Eliten zu wühlen.«

Ilja Sachkow, der Gründer von Group-IB, eines der führenden russischen und globalen Cybersicherheitsunternehmen, wird unter dem Vorwurf des Landesverrats verhaftet. Das Gericht lässt den Verdächtigen in Untersuchungshaft nehmen.

Oktober

In Mias wird ein Obdachloser, der seine Socken an der Ewigen Flamme am Grab des Unbekannten Soldaten trocknete, beschuldigt, den Nazismus zu rehabilitieren.

Etwa 5 Millionen Menschen haben Russland seit 2001 verlassen. Die tatsächliche Zahl könnte sogar noch höher liegen – Rosstat zählt diejenigen, die das Land verlassen, aber weiterhin in der Russischen Föderation registriert bleiben. Die meisten verließen ihre Heimat zwischen 2016 und 2019, bevor die Grenzen wegen COVID geschlossen wurden. Der größte Teil der Auswanderer war zwischen 30 und 40 Jahre alt. 92 Prozent der Ausreisenden verfügten über eine höhere Bildung, 14 Prozent hatten einen Hochschulabschluss.

Dmitri Muratow, Chefredakteur der *Nowaja Gaseta*, und die philippinische Journalistin Maria Resa werden mit dem Friedensnobelpreis ausgezeichnet.

Trotz der angekündigten Pläne für einen technologischen »Durchbruch« verliert Russland weiterhin Forscher und baut wissenschaftliches Personal ab. Bis Ende 2020 sank die Zahl der in Forschung und Entwicklung Beschäftigten um weitere 3200 auf insgesamt 679 300 – etwa 1 Prozent der durchschnittlichen Erwerbsbevölkerung. Die Zahl der direkt in der Forschung tätigen Wissenschaftler ging um 1700 Personen zurück. Ihre Gesamtzahl – 346 500 – ist den Daten der Forschungsuniversität »Hochschule für Wirtschaft« zufolge die niedrigste seit mindestens 10 Jahren.

Das Innenministerium der Russischen Föderation gibt eine bundesweite Fahndung nach dem Systemadministrator Sergej Saweljew heraus, der Menschenrechtsaktivisten die Kopie eines Archivs mit Beweisen für Folter in russischen Gefängnissen übergeben hat. Gegen Saweljew wurde ein Strafverfahren wegen »illegaler Beschaffung von Informationen, die ein Staatsgeheimnis darstellen« sowie im Zusammenhang mit der Verletzung von Bedingungen für eine vorzeitige Entlassung eingeleitet.

Im Kunstfaserwerk Elastik in der Region Rjasan kommt es zu einer Explosion in einer Produktionshalle für Sprengstoff. Nach der Explosion brach in der Halle ein Feuer aus. Infolge des Unfalls kommen 15 Menschen ums Leben.

In St. Petersburg entschied ein Bezirksgericht, das Graffito mit dem Bild von Daniil Charms an dem Haus zu übermalen, in dem der Schriftsteller 15 Jahre lang lebte. Von diesem Haus aus wurde Charms 1941 wegen antisowjetischer Aktivitäten in das Untersuchungsgefängnis Kresty gebracht. Er starb ein Jahr später.

Rosgvardia und Polizeikräfte haben in der tschetschenischen Hauptstadt Grosny drei Einwohnerinnen mit dem Vorwurf der Hexerei festgenommen.

Adam Eljurkayev, Chefarzt des örtlichen Zentrums für islamische Medizin, diagnostizierte bei einer der Hexerei verdächtigten Frauen Besessenheit durch Dschinns.

Der Vorsitzende des Duma-Ausschusses für Wirtschaftspolitik, der ehemalige Vorsitzende des Rentenfonds und frühere Minister für Arbeit und Sozialschutz, Maxim Topilin, führt aus: »Das Problem der Russen ist, dass sie hohe Gehälter wollen. Sie sollten sich an niedrige Einkommen gewöhnen.«

November

Der Föderale Strafvollzugsdienst von Krasnojarsk veranstaltet einen Walzer mit Gefangenentransportwagen: »Die KAMAZ-Lastwagen bewegten sich wie wahre Künstler, drehten sich anmutig umeinander und drehten Pirouetten, die in ihrer Schönheit und Komplexität unvorstellbar waren.«

Die Schriftstellerin Ljudmila Petruschewskaja gibt aus Protest gegen die geplante Liquidierung von Memorial den Russischen Staatspreis zurück, den Wladimir Putin ihr im Jahr 2002 verliehen hatte. Auf ihrer Facebook-Seite teilt Petruschewskaja mit: »Ich lehne den Titel eines Staatspreisträgers ab. Ich habe von

Präsident Putin eine Plakette, eine Schachtel und einen Blumenstrauß bekommen.«

Die Pressestelle des Rüstungsunternehmens Rostec teilt Einzelheiten über das Parfüm mit, das dem Checkmate-Kampfjet Suchoi S-75 gewidmet ist: »Die Duftnoten kombinieren Aromen von Glas, Naturleder und Metallen, die beim Bau des Flugzeugrumpfs, der Triebwerke und des Cockpits verwendet werden.« Rostec hat mit der Gilde der Parfümeure Russlands zusammengearbeitet.

Wladimir Putin spricht auf der internationalen Konferenz »Artificial Intelligence Journey 2021« über künstliche Intelligenz und Datenanalyse: »Der Staat muss die Verantwortung für die Speicherung wichtiger Informationen übernehmen. Es geht nicht mehr darum, die Cybersicherheit der Person selbst zu gewährleisten, sondern die ihres virtuellen Zwillings – des Avatars in den sich bildenden Meta-Universen.«

Die Staatsduma verabschiedet erneut einen umstrittenen Gesetzentwurf, der die Befugnisse der Strafverfolgungsbehörden erheblich ausweitet. Die Polizei darf ohne Durchsuchungsbefehl »auf Unbewaffnete schießen, Gebäude abriegeln und in Autos einbrechen«.

Igor Setschin, Chef von Rosneft, verkündet auf einem Treffen zur Entwicklung der Gentechnologie in Russland unter Vorsitz von Wladimir Putin, dass die ersten Freiwilligen, die bei der Erstellung einer Genomdatenbank von 100 000 Russen helfen sollen, Mitarbeiter seines Unternehmens sein werden.

Russland führt eine in der Geschichte des Landes noch nie dagewesene Einberufung von Reservisten durch, berichtet *Bloomberg* unter Berufung auf Quellen, die Daten des US-Geheimdienstes verwendet. Demnach haben Zehntausende russische Reservisten Vorladungen erhalten, was seit der Sowjetzeit nicht mehr der Fall war.

Roskomnadzor hat eine Liste von IT-Unternehmen veröffentlicht, die gemäß dem Gesetz über die Tätigkeit ausländischer Personen im Internet auf dem Territorium der Russischen Föderation bis zum 1. Januar 2022 Repräsentanzen in Russland eröffnen müssen. Die Liste umfasst: Google (Google Play, YouTube, Gmail und andere Dienste), Apple (iCloud, App Store, Apple Music), Meta (Facebook, Instagram, WhatsApp), Twitter, TikTok, Telegram, Zoom, Viber, Spotify, Likeme, Discord, Pinterest, Twitch. Sollten die Unternehmen bis zum Ablauf der Frist keine Niederlassungen in Russland eröffnen, drohen Werbeverbot, Strafzahlungen, verlangsamte Netzgeschwindigkeit oder völlige Sperrung.

Mitarbeiter des FSB nehmen einen Teenager fest, der einen bewaffneten Angriff auf eine Bildungseinrichtung vorbereitet haben soll. *TASS* berichtet unter Berufung auf den Pressedienst des FSB. Nach Angaben des Dienstes wurde er von einem ukrainischen Staatsbürger zu dem Verbrechen angestiftet. »Er wurde von einem Telegram-Benutzer, einem gewissen Ovsyuk Yaroslav, der in der Ukraine lebt, dazu angestiftet, den Massenmord zu begehen«, wird versichert.

Dezember

Im Kohlebergwerk Listwjaschnaja in der Stadt Below in der Region Kemerowo kommen bei einer Explosion und einem Brand in 250 Metern Tiefe 51 Menschen ums Leben.

Polizeibeamte führen ein präventives Gespräch mit einem Erstklässler, der die Ewige Flamme in Kronstadt mit Schnee bewarf. Die Flamme erlosch. Bei der Befragung in Anwesenheit seiner Mutter erklärt der Junge, dass er die Ewige Flamme aus Neugier mit Schnee beworfen habe. Dass sie zu löschen tatsächlich möglich sei, habe er nicht erwartet.

bei 71 Punkten, das sind 17 Punkte mehr als im März 2021«.

Der Vorsitzende des russischen Ermittlungsausschusses, Alexander Bastrykin, hält eine operative Sitzung mit den Leitern der regionalen Ermittlungsbehörden ab. Hauptthema des Treffens ist die steigende Zahl der Freisprüche, die von den Gerichten in Strafsachen, die bei den territorialen Ermittlungsbehörden anhängig sind, ausgesprochen werden. Bastrykin erlässt eine Reihe von Anweisungen »zur Beseitigung von Mängeln in der Arbeit«. Unter anderem schlägt der Leiter des Untersuchungsausschusses vor, dass Ermittler, deren Untersuchungen zu einem Freispruch führen, bestraft werden sollen.

Maria Butina, Duma-Abgeordnete der Partei »Einiges Russland«, trägt vor, Russland müsse einen Standard für Kinderspielzeug in Kindergärten entwickeln. »Ich als Frau und Erzieherin bin empört darüber, dass Kinder mit westlichen Puppen spielen und sich ein Beispiel an ihnen nehmen sollen.«

Die Polizei nimmt den Zauberer Iwan Kotelnikow – bekannt als der »Unsichtbare« – auf dem Roten Platz während einer Mahnwache vor der Kremlmauer fest. Der Zauberkünstler wurde zur Polizeistation

Kitay-Gorod gebracht, wo nach Artikel 20.2 des Verwaltungsgesetzbuchs der Russischen Föderation (Verstoß gegen die bestehende Ordnung der Organisation oder Durchführung einer Versammlung, einer Kundgebung, einer Demonstration, eines Marsches oder einer Streikpostenkundgebung) Anzeige gegen ihn erstattet wurde. Er wurde verhört und auf freien Fuß gesetzt. Sein unsichtbar machender Anzug wurde von der Polizei beschlagnahmt.

Der Gesamtbetrag der Bestechungsgelder im öffentlichen Auftragswesen wird auf 6,6 Billionen Rubel geschätzt, was einem Drittel der Einnahmen des russischen Haushalts entspricht. Zu diesem Schluss kommen die Experten des Instituts für staatliche und kommunale Verwaltung an der Wirtschaftshochschule Moskau. Die Studie hält fest, dass das Volumen der Korruptionszahlungen im Beschaffungswesen höher ist als die konsolidierten Haushaltsausgaben für Bildung oder Gesundheit.

Sergei Rozhkov, zuvor Leiter des FSB in Belgorod, wird zum Vizerektor für Sicherheit an der Wirtschaftshochschule Moskau ernannt.

Das russische Verfassungsgericht entscheidet, dass es illegal ist, mit Personen, gegen die ermittelt wird, über Folter zu sprechen. Nach Ansicht der Richter hat dies nichts mit den Haftbedingungen in den Untersuchungshaftanstalten zu tun. Die Bestimmung des Gesetzes, die es verbietet, Gefangene über Folter zu befragen, wurde von Menschenrechtsaktivisten in Moskau und St. Petersburg angefochten.

Das Forschungs- und Produktionsunternehmen Tekhnologiya meldet den Verlust von zehn Agrar-Flugzeugen Typ T-500, die von dem in Kasan ansässigen Unternehmen MVEN entwickelt worden waren. Neun der zehn Flugzeuge waren in einem Inkassoverfahren gegen MVEN eingezogen worden. Den Gerichtsvollziehern zufolge hätten sich die Flugzeuge auf dem Gelände des Flugzeugwerks befinden müssen. Der Verbleib des zehnten Flugzeugs, eines Ausstellungsexemplars, ist ebenfalls unbekannt. Tekhnologiya schätzt die Kosten für ein Flugzeug auf 165 Millionen Rubel.

Duma-Abgeordnete von »Einiges Russland« bringen einen Gesetzentwurf zur Änderung des Waffengesetzes ein. Er sieht vor, Waffenkäufer auf die »Gefahr der Verletzung der Rechte und Freiheiten der Bürger« und die »Bedrohung der staatlichen oder öffentlichen Sicherheit« zu prüfen.

Beamte des Föderalen Sicherheitsdienstes in der Region Woronesch nehmen einen Angehörigen des westlichen Militärbezirks wegen des Verdachts fest, eine Straftat nach Artikel 275 des Strafgesetzbuches (Hochverrat) begangen zu haben. Das Militärgericht der Woronescher Garnison weist den Soldaten in eine Untersuchungshaftanstalt ein. Die Unterlagen zu seinem Fall werden als geheim eingestuft. Ermittlungen zufolge wurde der russische Soldat vom ukrainischen Militärgeheimdienst rekrutiert.

Die Hauptdirektion des Innenministeriums der Region Krasnodar hat eine Untersuchung zu einer Videobotschaft über Folterungen auf der Polizeiwache eingeleitet, die der 25-jährige Elektriker Evgeny Ipatov aus Adler aufgenommen hatte. Ipatov wurde im September 2021 als Zeuge im Fall eines Diebstahls festgenommen, auf der Polizeiwache schwer verprügelt und dann nach Hause entlassen. Danach mietete Ipatov eine Wohnung, in der er eine Videobotschaft über die Folterungen auf der Polizeiwache aufnahm. Einige Tage später verschwand Ipatov, und das Zimmer, in dem er wohnte, war blutverschmiert. Der Elektriker wurde enthauptet auf den Bahngleisen gefunden.

Wladimir Putin legt der Staatsduma einen Entwurf für ein Bundesgesetz über die russische Staatsbürgerschaft vor. Vier Gründe für die Beendigung der russischen Staatsbürgerschaft sind vorgesehen. Dazu gehören die freiwillige Ausführung eines Verbrechens sowie nicht näher ausgeführte »schwere Verbrechen gegen den Staat«.

Das Moskauer Stadtgericht gibt der Klage der Moskauer Staatsanwaltschaft statt und ordnet die Liquidation des Menschenrechtszentrums Memorial an. Die Staatsanwälte erinnern auch an die Tatsache, dass das Menschenrechtszentrum Proteste unterstützt hatte, die »auf die Destabilisierung des Landes abzielten«. Überdies zielten die von Memorial geführten Listen politischer Gefangener darauf ab, eine negative Haltung gegenüber dem Justizsystem zu erzeugen.

Der Streamingdienst *Netflix* wird verpflichtet, 20 föderale russische Kanäle zu zeigen, darunter Perwy Kanal (»Erster Kanal«), Rossija 1 (»Russland 1«), den religiösen Sender Spas (»Erlöser«) und andere.

Nach vorläufigen Daten von Rosstat erreicht die Inflation in Russland in diesem Jahr 8,39 Prozent. Interfax stellt fest, dass dies der höchste Wert seit 2015 ist.

Im Jahr 2021 gab es in Russland 31 Flugzeugabstürze, bei denen mehr als 100 Menschen starben. Es gab 32 Gasexplosionen in Haushalten mit insgesamt 84 Verletzten, 20 Toten.

Russische Behörden melden mehr als 17 000 Inhaftierte bei den Winterkundgebungen zu Beginn des Jahres. Andere Zahlen durften nicht veröffentlicht werden.

94 Journalisten und Medienorganisationen werden im Jahr 2021 in das Register der »Auslandsagenten« aufgenommen. 10 dieser »Agenten« sind anerkannte NGOs.

Die von Alexej Nawalnyj gegründete Anti-Korruptions-Stiftung wird als extremistische Organisation eingestuft.

Nikolai Podosokorsky, ein Spezialist für das Werk Dostojewskis und die Förderung neuer Medien, stellt einen interessanten Beitrag vor:

Im »Jahr der Kultur« (2014) wurden in Russland 340 Bibliotheken und mehr als eintausend Kulturhäuser geschlossen, lässt sich der Website der Rechnungskammer der Russischen Föderation entnehmen.

Im »Jahr der Literatur« (2015) brannte das Institut für wissenschaftliche Information über Sozialwissenschaften der Russischen Akademie der Wissenschaften mit seiner riesigen Bibliothek nieder. Etwa drei bis vier Millionen Bücher sind betroffen.

Im »Jahr des Films« (2016) bekämpften orthodoxe Aktivisten und die Duma-Abgeordnete Poklonskaja den Film *Matilda* und forderten einen Prozess gegen den Regisseur Alexej Uchitel. *Matilda* ist ein Spielfilm im Genre des historischen Melodramas. Der Film wird mit dem Slogan »Das Geheimnis des Hauses Romanow« beworben und erzählt von der Beziehung zwischen Zarewitsch Nikolai Alexandrowitsch und der Ballerina Matilda Kschesinskaja.

Im »Jahr der Umwelt« (2017) legte das Ministerium für Naturressourcen und Umwelt der Regierung einen Gesetzentwurf vor, der die Übertragung von Land in Schutzgebieten in Privatbesitz ermöglichen würde.

Im »Jahr der Freiwilligen« (2018) verabschiedete die Staatsduma in erster Lesung einen Gesetzentwurf, der es ermöglicht, engagierte Personen zu ausländischen Agenten zu erklären.

Das »Jahr des Theaters« (2019) war der Höhepunkt der »Theateraffäre«, der strafrechtlichen Verfolgung von Kirill Serebrennikow und Kollegen wegen angeblicher Veruntreuung von Haushaltsmitteln, und der russische Ministerpräsident und Vorsitzende der Regierungspartei Dmitri Medwedew erklärte im Februar, dass Russland »zu viele Staatstheater« habe.

Im »Jahr des Gedenkens und des Ruhms zum 75. Jahrestag des Sieges« (2020) wurde eine Siegesparade inmitten der Pandemie abgehalten, während eine Klage gegen den Oppositionspolitiker Alexej Nawalnyj wegen angeblicher Beleidigung eines Veteranen fabriziert wurde, der in einem Video für Änderungen der russischen Verfassung warb, die Wladimir Putins lebenslange Präsidentschaft legitimierten.

Im »Jahr der Wissenschaft und Technologie« (2021) verabschiedete die Duma ein Gesetz zum Verbot kostenloser Bildungsaktivitäten, die Russische Stiftung für Grundlagenforschung sagte den föderalen Wettbewerb für russische Wissenschaftler ab, und die staatlichen Ausgaben für zivile Forschung und Entwicklung wurden im Vergleich zum Vorjahr um 6,3 Prozent (entsprechend 32,8 Milliarden Rubel, etwa 410 Millionen Euro) gekürzt.

Das Jahr 2022 wurde zum »Jahr der Volkskunst und des kulturellen Erbes« erklärt. Russische Truppen dringen in die Ukraine ein.

2. Auf der Suche nach der nationalen Idee

Was man nicht alles wollte: hier die Verfassung, da Stör mit Meerrettich, hier irgendjemanden beleidigen.

SALTYKOW-SCHTSCHEDRIN, *Kulturmenschen*

Das gesamte Jahr 2021 hindurch kämpfte die russische Regierung unermüdlich gegen die Verwestlichung der Bevölkerung, bekämpfte Kundgebungen und Proteste, die nach Ansicht der führenden Politiker der machthabenden Partei »Einiges Russland« von ausländischen Agenten und anderen unerwünschten Organisationen initiiert wurden. Tausende Menschen wurden verhaftet, zu Geldstrafen verurteilt, verprügelt und in Gefängnissen gefoltert, weitere Tausende mussten aus Angst um ihr Leben aus Russland fliehen. Dutzende von Menschenrechtsorganisationen wurden aufgelöst. All das geschah unter dem Motto: »Nieder mit den prowestlichen Werten, Russland hat seinen eigenen Weg.«

Einer der Ideologen des Putinismus, Wladislaw Surkow, ein ehemaliger Berater des Präsidenten, führte 2006 das Konzept der souveränen oder gelenkten

Demokratie ein, das den Schwerpunkt auf die Nichteinmischung anderer Staaten in die Innenpolitik Russlands legt und nach Surkows Definition eine andere Art von Demokratie als der Liberalismus ist. Die Verwendung des Begriffs im politischen Leben Russlands gab Anlass zur Wiederbelebung einer sowjetischen Anekdote: »Was ist der Unterschied zwischen Demokratie und souveräner Demokratie? Derselbe wie zwischen einem Stuhl und einem elektrischen Stuhl.«

Surkows zweites Ideologem war die Formel des »langwährenden Staats Putins«, benannt nach einem im Februar 2019 veröffentlichten gleichnamigen Artikel. Demzufolge sei Russland der Putinismus für eine lange Zeit gegeben, mindestens bis zum Ende des Jahrhunderts, in Zahlen: bis 2100. Ungefähr. Deshalb, meint Surkow, »scheint es nur so, als hätten wir eine Wahl«.

Putins große politische Maschine nimmt gerade erst an Fahrt auf, also decken Sie sich mit Popcorn ein, denn: »Es steht eine Menge interessanter Arbeit bevor.« Surkow argumentiert, dass Putins Staat erst der vierte Staatstyp in der Geschichte des Landes sei: Der erste Typ war der Staat Iwans des Dritten, dann der Staat Peters des Großen, der Staat Lenins und jetzt der Staat Putins. In Surkows Konzept wird Putin zu einer sakralen Figur, einem Mythologem, einem Zaren, einem Sammler russischer Ländereien. Heute sei das Land »von der Ebene der UdSSR auf die Ebene der Russischen Föderation gesunken, aber dieses Russland hört auf zu zerfallen, beginnt sich wiederherzustellen und kehrt zu seinem natürlichen und einzig möglichen Zustand, dem einer großen, wachsenden und Länder sammelnden Gemeinschaft der Völker zurück« – das heißt, der Krieg im Donbass und die annektierte Krim sind nicht die Grenze. Surkow erklärt die Brutalität des Repressionsapparats damit, dass das Volk »die Friedfertigkeit nicht für einen Vorteil des Zaren hält«. Die Wählerschaft bezeichnet er als das »tiefe Volk«, das »seinen eigenen Kopf, außerhalb der Reichweite soziologischer Umfragen, außerhalb von Agitation, Drohungen und anderen Methoden direkter Untersuchung und Beeinflussung hat«. Und es hat auch eigene Qualitäten: »Mit seiner gigantischen Supermasse schafft das tiefe Volk eine unwiderstehliche kulturelle Schwerkraft, die die Nation zusammenhält und die Eliten, die von Zeit zu Zeit versucht haben, sich kosmopolitisch zu erheben, zurück zum Boden, zur Heimat, zieht.« So grenzt Surkow die Eliten und »das Volk« ab. »Und«, führt er weiter aus, »die Eliten brauchen das Volk als Balance, um sich an das Alltägliche zu erinnern.« In Wirklichkeit jedoch brauchen die Eliten niemanden in Russland. Sie haben eine schreckliche Volksphobie, sie haben Angst, überhaupt mit »dem Volk«, oder was immer sie dafür halten, zu sprechen. Nicht ein einziges Mal sind die derzeitigen Behörden auf die Demonstranten zugegangen und haben Verhandlungen angeboten oder aufgenommen. Nicht ein einziges Mal in den letzten zehn Jahren. Seit der Niederschlagung der Bolotnaja-Proteste 2012 ist der Dialog erstorben.

Surkow erschafft diese neue und völlig unbrauchbare ideologisierte Mythologie mithilfe bereits entmythologisierter Mythen. Er versucht, tote Ideen wiederzubeleben und in der Mitte dieser Nekropole Putin als Unumschränkten zu setzen. In den letzten zehn bis fünfzehn Jahren ist Russland zu einem Land der toten Helden und der toten Ideen geworden. Alles Neue wird sofort vernichtet, als zu fremd, zu revolutionär, zu gefährlich erachtet. Denn das Lebendige ist für jede Nekropole bedrohlich. Deshalb sind die Geschichte, der Sieg im Großen Vaterländischen Krieg, die Gräber der Soldaten, die toten Veteranen (um die lebenden kümmert sich die Regierung nicht), die religiösen Prozessionen, Lenin im Mausoleum und das Anhäufen von Blumen am Denkmal Stalins so wichtig. Die Verehrung der Toten erreicht im heutigen Russland ein noch nie dagewesenes Ausmaß, und vielleicht ist es das, was man als neue Ideologie betrachten sollte. Dann wird der Krieg nämlich zum natürlichen Zustand eines toten Landes. Deshalb wird der Krieg regelmäßig und akribisch vorbereitet, deshalb wird die mottenzerfressene, verfallene Siegerfahne mit solcher Sorgfalt getragen. Sie zeigt, dass der Krieg immer noch da ist, immer noch gewonnen wird. Neben dem endlosen Siegesrausch wurde im Jahr 2021 eine staatliche Norm für die dringliche Bestattung von menschlichen und tierischen Leichen in Kriegs- und Friedenszeiten verabschiedet. Angesichts der jüngsten Ereignisse wirkt dieses Dokument, als ob es auf die Zukunft der Einwohner des Landes in einem Massengrab hindeutet, und das, besonders rührend, zusammen mit ihren Tieren.

Diese Vorstellung von Russlands einzigartiger Entwicklung ist nicht neu und entstand zuerst als posttraumatische Reaktion nach dem Krieg mit Napoleon, als deutlich wurde, dass Europa nach anderen Gesetzen lebte, dass es fortschrittlicher und progressiver war. Dass das Leben zu weiten Teilen leichter, angenehmer war. Die Intelligenz war durch diese Informationen aufgewühlt. Der Philosoph Pjotr Tschaadajew war einer der Ersten, die sich deutlich und lautstark entsetzt zeigten. Er wurde für geisteskrank erklärt und mit einem Publikationsverbot im Russischen Reich belegt. Im ersten seiner »Philosophischen Briefe« schreibt er:

> Wir Russen gehören zu keiner der großen Familien des Menschengeschlechts. Wir gehören weder zum

> Westen, noch zum Osten. Weil wir gleichsam außerhalb der Zeit stehen, wurden wir von der universellen Erziehung des Menschengeschlechts nicht berührt. Generationen und Jahrhunderte sind ohne Nutzen für uns dahingegangen. In der Welt vereinsamt, haben wir der Welt nichts gegeben, haben keine einzige Idee in die Masse der menschlichen Erfahrungen hineingetragen, haben durch nichts am Fortschritt der menschlichen Vernunft mitgewirkt und alles, was uns von diesem Fortschritt zuteilwurde, das haben wir entstellt. In unserem Blut ist etwas, was jedem Fortschritt feind ist. Wir sind eine Lücke in der moralischen Weltordnung!

In der posttraumatischen Situation nach dem Zusammenbruch der Sowjetunion ist die Nachfrage nach einer nationalen Idee logischerweise gestiegen. Und die Versuche, eine solche zu formulieren, dauern bis heute an, der Bedarf scheint immens. Moderne Ideologen verwenden dabei eine eher ungewöhnliche Terminologie. Der Publizist, Wirtschaftswissenschaftler und Politologe Dmitri Travin hat 2018 ein Buch mit dem Titel *Особый путь России. От Достоевского до Кончаловского* (»Der besondere Weg Russlands: Von Dostojewski bis Kontschalowski«) geschrieben, in dem er eine Reihe nationaler Ideen analysiert. Der politische Philosoph und Religionssoziologe Alexander Schtschipkow beispielsweise habe den Begriff des »Genotyps der Nation« eingeführt und argumentiert, dass dieser durch eine tiefe russische Religiosität definiert sei. Der Historiker und politische Analyst Walerij Soloveij argumentiere, dass im Herzen der russischen ethnischen Besonderheit ein bestimmter »Archetyp der Macht« liege – die Russen hätten sich im Laufe der Geschichte immer gern regieren lassen. Und der Kulturwissenschaftler und Philosoph Igor Jakowenko behauptet, dass die russische Zivilisation »den kulturellen Code des Manichäismus« besitze – eine dualistische religiöse Lehre, die Elemente des Zoroastrismus, des Christentums, des Buddhismus und einer Reihe anderer alter Glaubensrichtungen vereint. Der Versuch, das »Russentum« zu entdecken und zu spezifizieren, es in einer Art Code, Archetyp oder Genotyp zu fixieren, zeigt, dass die Ideologen des »besonderen Weges« versuchen, ihre Vorstellungen in den wissenschaftlichen Diskurs einzupassen und damit ebendiese Besonderheit der Entwicklung zu legitimieren.

Am weitesten ging Putin selbst, als er im Mai 2020 sagte, dass »Russland nicht nur ein Land, sondern wirklich eine eigene Zivilisation« sei. Im Internet tauchte sofort ein anonymer Kommentar dazu auf: »Du lebst in einem Land, dessen Religion von den Juden erfunden wurde, das Alphabet von den Griechen, die Staatlichkeit von der Goldenen Horde, das Recht von den Römern, das Zahlensystem von den Arabern, du kaufst und benutzt chinesische Waren, das amerikanische Internet, isst italienische Pizza, küsst auf Französisch ... Und dann, bums, eine eigene Zivilisation!«

Neue Gesetze zur Verhinderung des Imports liberaler Stimmungen aus dem Westen stützen ebenfalls die Theorie der russischen Besonderheit. Duma-Sprecher Wjatscheslaw Wolodin sagte im Mai 2021: »Jetzt werden wir wieder herausgefordert. Ein anderes Mal – ein anderer Gegner kommt, diesmal nicht mit dem Schwert, nein, er dringt in die Köpfe und Seelen ein, wirft Informationsnetzwerke mit Gigabytes von vergifteten Pfeilen der Lüge und des Hasses, um die Fundamente zu zerstören, auf denen wir stehen und an die wir glauben.« Diese offiziellen Reden haben etwas von mittelalterlichen Heldenliedern, die moderne Propaganda hat in letzter Zeit eine eigentümliche offiziöse Sprache entwickelt, die mehr an ein vorslawisches Heldenepos erinnert, als dass sie die Sprache unserer Zeit gebraucht: »Hier kommt der Feind, der zahllose Feind, der in einer Welle über das russische Land rollt«, und andere mittelalterlich klingende Wortgeflechte mit abstrakten Psychologismen und endlosen Wiederholungen. Es ist noch nicht klar, warum solche Archaismen plötzlich auftauchen und ob sie etwas mit dem wachsenden Interesse des russischen Präsidenten an der Geschichte zu tun haben. Nichtsdestotrotz hat die Sprache der Propaganda nichts von ihrem früheren sowjetischen Bürokratismus verloren, das heißt, sie kommt buchstäblich als eine Mischung aus Leonid Breschnew und Iwan dem Schrecklichen daher. Aber während in der UdSSR der Schwerpunkt auf dem ideologischen Inhalt lag, liegt er heute, in Ermangelung eines Inhalts, auf der historischen Form. Und das Schlimmste an dieser neuen Ideologie ist, dass sie keine Idee hat, sie bleibt leere Rhetorik, die versucht, aus nichts etwas zu machen.

Das russische Wunderland ist auf Absurdität, Widersprüchlichkeit und Grausamkeit aufgebaut. Die Realität wird hier schnell verzerrt, das zeigt sich deutlich in der Sprache der offiziellen Medien, die seit einem Jahrzehnt eine aktive Tendenz zur Verwendung von Euphemismen an den Tag legt, die das Wesentliche der Ereignisse ersetzen, zumindest aber erheblich entstellen. So wird in letzter Zeit immer häufiger das Wort »Klatsch« (хлопок / khlopok) anstelle des Wortes »Explosion« verwendet. Zum Beispiel lesen wir in der Zeitung: »Es gab ein Gasklatschen in einem Haus.« Zwar sprechen Fotos vom Tatort und die Zahl der Opfer dafür, dass es sich um eine Explosion handelte, auch stürzen die Häuser nicht ein und Menschen sterben nicht wegen eines Klatschs. Auf die gleiche Weise hat die Wendung »harte Landung« das Wort

»Flugzeugabsturz« ersetzt. Das Wort »Überschwemmung« wurde durch »Grundhochwasser« ersetzt, das Wort »Rauch« ersetzt »Brand«. Der aufsehenerregendste Euphemismus fand sich jedoch in einem Bericht der russischen Forstbehörde (Rosleskhoz) vom August 2021 zu den Bränden in Jakutien: »Laut Rosleskhoz gibt es einen sehr großen Wärmefleck von über 1,6 Millionen Hektar. Uns liegen Daten aus der Weltraumüberwachung vor. Der sogenannte ›Wärmefleck‹ umfasst Dutzende von Waldbränden, die innerhalb seiner Grenzen registriert wurden.« Wenn man also die Brände unter dem Begriff »Wärmefleck« zusammenfasst, braucht man sich vor nichts zu fürchten.

Alexander Cherkasov, Vorsitzender der Memorial International, veröffentlichte Mitte August 2019 auf seiner Facebook-Seite einen Beitrag mit dem Titel »Neusprech Russisch«. Schon damals stellte er eine Reihe spezifischer Umkehrungen fest, die für die zeitgenössische russische politische Rhetorik typisch sind, wie zum Beispiel »souveräne Demokratie«, die aus der Propagandasprache als »Imitationsdemokratie in der russischen Version« übersetzt wird. Oder: »Der Kreml kommentiert nicht« lässt sich übersetzen als: »Der Kreml und Präsidentensprecher Peskow haben dazu nichts zu sagen, keine Lust auf Ermittlungen und generell Besseres zu tun.« Im Zusammenhang mit der erzwungenen Auflösung aller Organisationen von Memorial in Russland sagte Dmitri Peskow, dass Wladimir Putin den Bericht der Generalstaatsanwaltschaft über den Einspruch noch nicht erhalten habe. Er sagte jedoch, dass das Thema von großer Bedeutung sei und sicherlich seinen Weg in die Unterlagen des Präsidenten finden werde.

Im Roman *Picknick am Wegesrand* der Brüder Strugatzki, der die Vorlage für Andrei Tarkowskis Film *Stalker* werden sollte, bringen Stalker genannte Männer, die gegen hohe Bezahlung gefahrvolle Ausflüge in die »Zone« unternehmen, den Ort, an dem Außerirdische die Erde besuchten, ein interessantes Objekt von dort mit: »Null«. Dieses Null besteht aus zwei Scheiben mit einem Abstand von vierzig Zentimetern, und abgesehen von diesem Abstand gibt es nichts dazwischen – man kann seine Hand oder seinen Kopf hindurchstecken, aber man kann diese Scheiben nicht bewegen oder spreizen, die Konstruktion ist äußerst stabil. Dieses Null erinnert in erstaunlichem Maß an die heutige Propaganda – jede Propaganda, nicht nur die russische: Die Struktur ist stabil, man kann sie weder bewegen noch teilen, und sie besteht aus Leere, es gibt schlicht keinen Inhalt. Und diese Leere, multipliziert mit der Anbetung der Toten, ist das, was die Putinisten die Besonderheit Russlands nennen.

Da das »besondere Russland« sorgfältig bewacht werden muss, hat Wladimir Putin im Juli 2021 eine nationale Sicherheitsstrategie unterzeichnet. Darin legt der Präsident großen Wert auf die Kritik am Westen, an äußeren und inneren Feinden. Unter Stalins Regime spielte der Kampf gegen äußere und innere Feinde auch in der Innenpolitik des Landes eine große Rolle und schuf das Bild einer »belagerten Festung«. Weiters befasst sich die Sicherheitsstrategie mit Informations- und psychologischer Sabotage sowie mit Versuchen ausländischer Staaten, sozioökonomische Schwierigkeiten in Russland zu nutzen, um die Gesellschaft zu zerrütten, zu zerstückeln und zu marginalisieren. Auch dem Internet wird große Aufmerksamkeit gewidmet: »Aus politischen Gründen wird den Internetnutzern eine verfälschte Ansicht der historischen Fakten und der Ereignisse in der Russischen Föderation aufgezwungen«. Das bedeutet, dass das Internet mehr und mehr zensiert werden wird. Die Strategie fordert unter anderem »die Vorbereitung der Wirtschaft der Russischen Föderation [...], der Streitkräfte, anderer Truppen, militärischer Formationen und Einrichtungen auf die Gewährleistung des Schutzes des Staates vor einem bewaffneten Angriff und auf die Befriedigung der Bedürfnisse des Staates und der Bevölkerung in Kriegszeiten«. Dieser Punkt hat die öffentliche Meinung in zwei Lager gespalten: die einen fragen, welche Art von Krieg, die anderen fragen, welche Art von Wirtschaft. Wie es mit dem Krieg weitergeht, ist noch nicht bekannt, aber die Wirtschaft ist so schlimm dran, dass es scheint, als ob die Vorbereitungen ihren Zeitplan *überholen* und Russland bereits eine Nachkriegswirtschaft hat. Generell hat man das Gefühl, dass man mit dieser Formulierung schon auf den völligen Zusammenbruch vorbereitet werden soll, sodass man sagen könnte: »Die Zeiten sind turbulent, wir müssen den Gürtel enger schnallen.« In den sozialen Medien wird dann üblicherweise kommentiert, dass man den Gürtel nur um den Hals noch enger schnallen kann.

Aufmerksam wird auch mit den geistigen und sittlichen Werten umgegangen: »Die grundlegenden moralischen und kulturellen Normen, die religiösen Grundlagen, die Institution der Ehe und die Familienwerte werden zunehmend untergraben. Die Freiheit des Individuums wird verabsolutiert, eine übermäßige Freizügigkeit, Sittenlosigkeit und Egoismus werden aktiv gefördert, ein Kult der Gewalt, des Konsums und des Vergnügens setzt sich durch«. In dieser puritanistischen Strategie wird »das Primat des Geistigen vor dem Materiellen« verankert, wobei Ersteres ein »traditioneller russischer moralischer Wert« sei, der bewahrt und geschützt werden muss. Die Bevölkerung wird wohl doch nicht nur mit Brot gefüttert. Das Grundnahrungsmittel ist Ideologie.

Dementsprechend bezeichnet Putins Strategie

den Schutz der traditionellen Werte, der Kultur und des historischen Gedächtnisses als eine der Prioritäten. Das ist das Standardpaket: historisches Gedächtnis und traditionelle Werte. Welche genau das sind, ist nicht ganz klar. In der Stadt Odinzowo in der Oblast Moskau wurde 2021 die »Allee der Veteranen« abgeholzt, die 1951 von Teilnehmern des Großen Vaterländischen Krieges im Gedenkpark gepflanzt worden war. Die Bäume wurden von einer Baufirma gefällt, um den Weg zu einem neu gebauten Hochhaus zu ebnen, das man nicht anders als »Menschenhaufen« nennen kann. Aktivisten versuchten dagegen zu protestieren, waren jedoch nicht in der Lage, die Allee zu retten. Immobilien in Moskau sind teuer. Sehr teuer. Vielleicht sind das die Werte, auf die sich der Präsident bezog. In Russland gibt es nichts mehr außer dem Krieg, und wenn selbst der nicht wichtig ist, was dann? Tapferkeit, Filzstiefel, Balalaika, leere Dosen auf dem Balkon, Iwan der Schreckliche?

Nach den jüngsten Ereignissen zu urteilen, wahrscheinlich alle zusammen, vor allem Iwan. Unmittelbar nach der »Nationalen Sicherheitsstrategie« veröffentlichte Putin einen Artikel über die Ukraine und die »vereinte Nation«. Darin schreibt er, dass der einzige wirkliche Staat nach dem Zusammenbruch der Sowjetunion die Russische Föderation sei, und dass ihre historische Mission, also die Mission von Wladimir Wladimirowitsch, darin bestehe, die russischen Länder zu sammeln und als »dreieinige slawische Nation« zu vereinen. Und wer damit nicht einverstanden ist, sei ein Extremist, ein Russenhasser und westlicher Agent. Der russische Präsident will nicht als Diktator in die Geschichte eingehen, sondern als Einiger der slawischen Völker, und für seine Bereitschaft, sich der Ukraine für eine freundschaftliche Umarmung mit offenen Armen zu stellen, ist er bereit, hart zu kämpfen.

Ähnlich brüderliche Empfindungen gelten auch für Belarus. Gleichzeitig ist die Rede des Präsidenten immer mehr von einer Nostalgie für die UdSSR geprägt, die er der Bevölkerung auf jede erdenkliche Weise einzuimpfen versucht. Das bedeutet, der revanchistische Appetit wird wachsen. Trotz der Tatsache, dass die Krim nach der Annexion ein Grund (und ein Fass ohne Boden) für endlose Investitionen geworden ist. Das liegt natürlich nicht nur daran, dass die Krim wie jede andere subventionierte Region Finanzmittel benötigt, sondern auch an der Korruption. Die für nationale Projekte bereitgestellten Finanzmittel werden in der Regel bereits veruntreut, bevor sie den regionalen Haushaltsplan erreichen. Im Sommer 2016 bat der damalige Premierminister Dmitri Medwedew die Krim-Behörden eindringlich und bewegend darum, keine Haushaltsgelder abzuzweigen, heißt: zu stehlen.

Und im Jahr 2020 scheiterte das Programm dann tatsächlich auch: Nach einer Prüfung der Ausgaben kam die Rechnungskammer zu dem Schluss, dass die Beamten 72 Prozent der Gelder ausgegeben und nicht einmal 75 Prozent der geplanten Indikatoren verfehlt hatten.

Das Schlimmste daran ist, dass der Staat, um seine imperialen Pläne zu verwirklichen, eine messianische Position einnimmt und beginnt, die Regeln des von ihm erfundenen Spiels unter dem Deckmantel hehrer Ziele durchzusetzen. Und in der Innenpolitik zwingen die Behörden dem Volk Moral, Religion, Sittlichkeit und Kultur mit Gewalt auf, erziehen es nicht, unterstützen keine Werte, sondern treiben ihm mit Schlagstöcken und Parolen ein: »Jetzt werden wir euch lehren, das Vaterland zu lieben!« Aber die Staatsmacht selbst liebt ihr Vaterland nicht und hält sich demonstrativ nicht an dessen Gesetze.

Ein weiterer Pfeiler des Putinismus ist das Thema des Großen Vaterländischen Krieges, des letzten Stolzes der Großmacht. Im Jahr 2014 wurde ein Gesetz eingeführt, das die »Verbreitung wissentlich falscher Informationen über die Aktivitäten der UdSSR während des Zweiten Weltkriegs« unter Strafe stellt. Und die neue Verfassung verbietet es, »die Bedeutung der Heldentaten des Volkes bei der Verteidigung des Vaterlandes herabzusetzen«. Es ist einfacher, historische Werte zu verteidigen, als den Wert eines jeden Einwohners zu schützen.

Und während die historischen Ereignisse für den Präsidenten von Jahr zu Jahr wichtiger werden, irritiert ihn die Geschichte von vor dreißig Jahren. Mit Bedacht setzt sich Putin von Jelzin ab und erschreckt die Menschen mit den Neunzigern. Der immerselbe Satz wird von Bots, bezahlten Kommentatoren in sozialen Netzwerken, verbreitet: »Willst du es wie in den Neunzigern?« Die Neunzigerjahre waren Gesetzlosigkeit, Kriminalität und ein »kaputter Staatsapparat«. Putins Russland heute ist »Stabilität«. In den Neunzigerjahren war die Freiheit exzessiv, heute wird sie durch die »Diktatur des Gesetzes« und die »Vertikale der Macht« eingegrenzt. Und noch einmal: Stabilität. In einem Land, in dem der wichtigste Tote seit 100 Jahren noch immer nicht begraben ist, wird es Zeit, über Stabilität zu sprechen, deren höchster Grad der Tod ist.

Aus propagandistischer Sicht leben die Russen also in einem wunderbaren Land, in dem alle Probleme nur wegen der prowestlichen Liberalen im Inneren und des Westens im Äußeren bestehen. Es gibt Unzulänglichkeiten. Aber der Präsident hat bereits Anweisungen erteilt. Es gibt Bestechungsgelder – wir bekämpfen sie. Polizeibrutalität – wir erlassen Gesetze. Die Preise steigen – die ganze Regierung kämpft für das Borschtsch-Set: Kartoffeln, Rote Beete, Kohl und Karotten (übrigens kein Wort über Fleisch). Militärflugzeuge stürzen ab – aber wir haben einen Verteidigungsminister, der wunderbar in Holz schnitzt, einen Künstler! Einen Künstler, der eben seine erste große Ausstellung in der Galerie »Khazine« in Kasan eröffnet hat. Die offiziellen Medien schreiben sehr bewegend über diese Ausstellung:

> In zwei Sälen werden mehr als 100 Werke von Sergej Shoigu präsentiert. Die meisten davon zeigen ihn als Grafiker und Maler, die übrigen sind fantasievolle kunsthandwerkliche Kreationen. Was die Malerei betrifft, so überrascht zunächst die Vielfalt der Techniken, in denen der Minister arbeitet. Mehrere Werke, die auf gestempeltem Papier entstanden sind, zeigen, dass der Künstler ein Staatsmann ist. Der bescheidene Stempel »Verteidigungsminister der Russischen Föderation« verleiht jedem dieser Exponate öffentliches Gewicht. Auch der Titel der Ausstellung ist berührend: »Kreativität für das Leben«. Der Erlös aus dem Verkauf der Werke kommt wohltätigen Zwecken zugute, speziell der Rettung krebskranker Kinder. Das Haushaltsbudget für Medizin wurde gekürzt, aber der Verteidigungsminister tut, was er kann. Und natürlich danken alle dem Minister und bewun-

dern seinen Edelmut, und die Tatsache, dass die Verteidigungsindustrie des Landes in Schwierigkeiten ist, nun ja, man kann nicht alles schaffen: Es ist unmöglich, sich mit Kunst zu beschäftigen und sich gleichzeitig um die Verteidigung zu kümmern.

Es ist klar, dass die Menschen kein Vertrauen in die Regierung haben, keine Zweifel an Korruption und Willkür und nur in steigende Preise vertrauen. Aber sie können sich ja immer noch etwas leisten. Die Medien der Opposition zeigen nur negative Seiten des Lebens, was sehr jämmerlich ist. Aus ihrer Sicht versinkt das Land in Korruption und seine verarmte Bevölkerung stirbt irgendwo unter dem Zaun. Nicht ein einziger ehrlicher Polizist, nicht ein einziger anständiger Beamter. Eine solche Konzentration des Bösen in einem einzigen Land ist täglich schwer zu verdauen. Und schließlich fahren die Menschen in den Urlaub, kaufen Kühlschränke, Waschmaschinen und Lebensmittel. Nach der Sowjetunion und den wirklich schweren Neunzigerjahren erscheint das alles wie Luxus.

Ich rufe eine Freundin an, die im Fernen Osten lebt und als Pressefrau eines Theaters arbeitet: »Wie läuft's denn so?«, frage ich. »Na ja«, sagt sie, »wenig Geld, aber ich war im Urlaub in St. Petersburg und Kaliningrad. Bei Essen und Kleidung muss ich sparen, aber im Allgemeinen ist es o. k.« Ich frage: »Hast du Nawalnyjs Recherche gesehen?«

– Nein. Worum ging es da?

– Putins Palast.

– Und?

– Korruption …

– Bitte, jeder weiß das. Das pfeifen die Spatzen doch von den Dächern, oder?

Die meisten meiner Freunde und Verwandten leben ein sehr durchschnittliches Leben: Sie sparen an Anschaffungen und Lebensmitteln, können sich aber eine Wohnung, ein Auto und einen Urlaub auf Kredit leisten. Sie sind kaum an Politik interessiert. Niemand ist überrascht von der Korruption. Und sie kochen ihren Borschtsch immer noch mit Fleisch. In Dörfern und Kleinstädten ist es schlimmer, dort gibt es keine Arbeit. Diejenigen, die es konnten, sind gegangen, der Rest betrinkt sich. Sie sind mehr an Politik interessiert. Sie sagen: »Die Amerikaner sind an allem schuldig, aber Putin ist ein harter Hund!« Es gibt diejenigen, die sagen: »Ja, das Leben unter Putin ist schlecht, aber wen soll ich wählen? Euren Nawalnyj? Er ist schlimmer als Putin.« Nur ein kleiner Prozentsatz des Landes unterstützt Nawalnyj tatsächlich, und nach den Protesten von 2021 ist dieser Prozentsatz noch kleiner geworden. Doch die Unzufriedenheit mit der Regierung wächst. Wie so oft ist es in Ermangelung einer

Heldenfigur für die Opposition schwer, sich zusammenzuschließen. Für viele ist Nawalnyj zwar ein Märtyrer, aber kein Held. Und auch er selbst will sich nicht mit anderen Oppositionellen zusammenschließen, und weiß auch nicht, wie.

3. Wir sind nicht einverstanden! Wir protestieren!

In Russland einen Aufstand zu erleben – das ist sinnlos und erbarmungslos.

ALEXANDER PUSCHKIN, *Die Hauptmannstochter*

In seinem Buch *Der Mensch in der Revolte* analysiert Albert Camus ausführlich die Philosophie des Protests: Erst wenn die Selbsterhaltungsressourcen des Systems der Versklavung und Unterdrückung erschöpft sind, protestiert der Mensch. Doch selbst wenn die Revolte erfolgreich ist, setzt die neue Macht eine weitere Unterdrückungsmaschinerie in Gang, um das errungene Ergebnis zu halten. Der Kreis schließt sich. Aus der Bewegung wird wieder Stillstand. Dagegen ist der Protest vom nomadischen Prinzip der Bewegung geleitet. Solange er die Institutionen bekämpft, ist er in Bewegung, braucht er Bewegung, seine Institution ist die Rebellion. Landet der Protest in der eigenen Institution, ist er seiner treibenden Kraft beraubt und richtet sich gegen sich selbst.

Es gab viele Unruhen in der russischen Geschichte. Gelegentlich ist die Regierung nach einer gewaltsamen Niederschlagung Kompromisse eingegangen, manchmal hat sie die Repression verstärkt. Am schockierendsten war der Dekabristenaufstand von 1825. Es war der erste versuchte Staatsstreich, der nicht »von unten« kam. Die Dekabristen stammten aus adligen Familien und viele von ihnen dienten als Offiziere der Garde. Nach dem Krieg mit Napoleon 1812 begann in Russland eine liberale Haltung zu reifen. Im Westen gab es mehr Freiheiten, eine besser entwickelte Industrie und keine Leibeigenschaft. Bis 1825 hatten sich diese Stimmungen zu einem Programm entwickelt: Die Monarchie sollte durch eine Republik oder eine konstitutionelle Monarchie ersetzt und die Leibeigenschaft abgeschafft werden. Der Aufstand wurde noch am selben Tag niedergeschlagen, fünf der Teilnehmer wurden auf dem Senatsplatz in St. Petersburg gehängt, die übrigen lebenslang in die Verbannung geschickt.

Dennoch war dieser Aufstand wichtig für die Entstehung der Idee der Zivilgesellschaft in Russland, er schuf ein liberales Umfeld und löste gleichzeitig das Schwungrad von Nikolaus' Repressionen aus. Zar Nikolaus I. bestieg im Schatten des Dezemberaufstandes den Thron und vollendete die Umwandlung Russlands in einen bürokratischen Polizeistaat. Es gab keinen Hauch von Rede-, Versammlungs- oder Organisationsfreiheit, Korruption und Brutalität blühten. Das zaristische Regime kontrollierte die Presse, die Literatur und das Bildungswesen und entwickelte eine nationale Idee, der zufolge in Russland kein Platz für die liberale Gefühlswelt des Westens sei.

Vom Beginn der Herrschaft Nikolaus' I. 1825 bis zur Revolution von 1917 vergingen 92 Jahre. Vom Roten Terror bis zum Zusammenbruch der Sowjetunion: 74. Derzeit befindet sich Russland in einer Phase der Entwicklung des Putinismus, in der das Regime Armee und Polizei so reichlich füttert, dass auf einen schnellen Machtwechsel zu hoffen schwerfällt. Wie lange der »Putin-Staat« andauern wird, ist unklar; klar scheint dagegen, dass er nicht gut enden wird. Die Nutzung der natürlichen und menschlichen Ressourcen des Landes neigt sich dem Ende zu, ein kollektiver Burnout hat beide, Staatsführung und Bevölkerung, erfasst. Und Revolution? Wer weiß, was eine neue revolutionäre Regierung tun wird, um der alten die Macht zu entreißen und sie in ihren Händen zu behalten. In Russland gibt es ein Spiel, das wir »König des Berges« nennen. Die Regeln sind einfach: Die Zuschauer laufen einen kleinen Hügel hinauf, und wer als Erster die Spitze erreicht und am längsten sitzt, ist der König des Berges. Die russische Innenpolitik erinnert an dieses Spiel, mit der Ergänzung, dass am Fuße des Berges Menschen zuschauen, die andere mit Schneebällen oder Steinen bewerfen und wieder andere ermutigen. Und das Land produziert nichts, sondern verkauft nur, was es hat – es gibt keine Zeit, alle sind beschäftigt.

In *Машина и винтики. История формирования советского человека* (»Die Geschichte der Entstehung des sowjetischen Menschen«) schreibt der Historiker Mikhail Heller:

> Der Homosos [Abkürzung für Homo sovieticus] ist daran gewöhnt, unter relativ schlechten Bedingungen zu leben. Er ist bereit, Schwierigkeiten in Kauf zu nehmen, und wartet ständig auf Schlimmeres; er billigt die Handlungen der Regierung; er versucht, Verstöße gegen die üblichen Verhaltensweisen zu vereiteln; er unterstützt die Führung von ganzem Herzen; er hat ein einheitliches ideologisches Bewusstsein; er fühlt sich für sein Land verantwortlich; er ist bereit, Opfer zu bringen, und er ist bereit, andere zu Opfern zu verurteilen.

In einer gekürzten Fassung zitiert Heller das Buch *Гомо Советикус* (»Homo Sovieticus«) des sowjetischen Soziologen Alexander Sinowjew:

> Nehmen wir zum Beispiel die modernen Homosos, die in Moskau leben. Die Preise für Lebensmittel wurden erhöht. Würde ein solcher Homosos eine Protestdemonstration abhalten? Nein, natürlich

> nicht. Ein Homosos ist daran gewöhnt, in schlechten Verhältnissen zu leben, er ist bereit, Schwierigkeiten in Kauf zu nehmen, rechnet aber ständig damit, dass es noch schlimmer werden könnte, und unterwirft sich den Anweisungen der Behörden.

Sinowjews Buch war eine scharfe Satire, aber es zeigt, wie das Bewusstsein eines Menschen, der in einer totalitären Gesellschaft lebt, über Generationen hinweg deformiert wird. Die Sowjetunion ist zwar zusammengebrochen, aber die Homosos sind geblieben. Das heutige Russland ist der Abkömmling eines totalitären Systems, das in der Übergangsphase der 1990er-Jahre in die neue Ordnung implementiert wurde. Derjenige, der die Macht ergriff und ein Geschäft mit der Privatisierung aufbauen konnte, gewann. Die Massen haben es immer vorgezogen, zuzuschauen, statt zu handeln; sie haben sich an den Gehorsam gewöhnt: »Ich verhalte mich ruhig, niemand soll mich bemerken.«

In der Sowjetära konnte der Geheimdienst von GPU bis KGB in jede Wohnung kommen und sie durchsuchen, Eigentum beschlagnahmen, die Mieter in den Gulag schicken oder schlicht erschießen. In den 1990ern konnten Gangster in jede Wohnung kommen, sie durchsuchen, das Eigentum beschlagnahmen, die Mieter verprügeln oder erschießen. Und auch heute können die Sicherheitsbehörden ohne Durchsuchungsbefehl jede Wohnung betreten und Eigentum von Zeugen beschlagnahmen, zumindest jedoch noch nicht schießen.

Wenn unterschlagen wird, dass Macht zugleich ihre Veränderbarkeit durch freie und offene Wahlen bedeutet, ist Protest das einzige Mittel. Ein Schritt, der allen Mut der Protestierenden erfordert, denn wir sehen uns in Russland einem Monster mit dem Verstand eines Tyrannen und dem Benehmen eines Banditen gegenüber. Das ist die Macht. Es ist unmöglich, die Mentalität einer Gesellschaft in dreißig Jahren zu ändern, solche Veränderungen brauchen Generationen.

Nach den antikommunistischen Kundgebungen der späten Gorbatschow-Phase, den wechselnden Fronten zwischen Jelzins Leuten, den Oligarchen und der Opposition in der Übergangsphase der »defekten Demokratie« hat das neue Jahrtausend Russland einen bleibenden Putin beschert. Als er 1999 an die Macht kam, gab es bereits ein oligarchisches Regierungssystem. Im Allgemeinen erwartete niemand, dass ein bescheidener Mann, der mit einem Koffer hinter dem Rücken von Anatoli Sobtschak stand, dem ersten und einzigen Bürgermeister von St. Petersburg (die anderen Oberhäupter waren Gouverneure), dieses System irgendwie ändern würde. Eine der Bedingungen für seine Machtübernahme war die Wahrung der Sicherheit von Jelzins »Familie«, das heißt derjenigen, die zum Kreis der Kumpane gehörten. Und in dieser Rolle hat Putin im Großen und Ganzen seinen Zweck erfüllt. Doch die positive Beziehung zu Jelzins Oligarchen hielt nicht lang. Von denen, die er geerbt hat, haben nur drei überlebt: Michail Fridman und Pjotr Aven, die dem internationalen privaten Finanzinvestitionskonsortium Alfa Group angehören, und einer der reichsten Männer Russlands, Wladimir Potanin. Boris Beresowski und Wladimir Gusinski fielen unter Putin in Ungnade und wurden gezwungen, Russland zu verlassen. Michail Chodorkowski wurde verhaftet, verschwand für zehn Jahre im Straflager und ging danach ins Exil in die Schweiz.

Diejenigen, die geblieben sind, haben sich auf jeden Fall für eine Partnerschaft mit Putin entschieden. Putin begann, ein totalitäres Regime zu errichten. Die Gouverneurswahlen wurden abgeschafft, die Parteiengesetzgebung verschärft, Liberale aus dem Parlament ausgeschlossen. Und dann begann die eigentliche Repression.

Doch Putin wurde von einer breiten Bürgerschaft getragen, er war bei Rentnern und Studenten gleichermaßen beliebt. Das Land blühte auf, die Ölpreise stiegen, von 10 auf 140 Dollar pro Barrel innerhalb von zehn Jahren. 2009 brach der Ölpreis ein, was Russland hart traf, da in den Jahren des relativen Wohlstands die Umverteilung des Geldes in krisenresistente Sektoren der Wirtschaft ausgeblieben war. Das Land sackte in eine Krise, aus der es bislang keinen Ausweg fand. Die Annexion der Krim und der Krieg im Donbass brachten Russland international politisch unter Druck und ökonomisch mit dem Rücken an die Wand.

Erste Anzeichen für ernsthafte Proteste gab es im Jahr 2005. Kleine, scheinbar planlose Kundgebungen, die zu dieser Zeit kaum politische Bedeutung hatten. In den Jahren 2006 bis 2007 wurde die Opposition jedoch aktiver. Auf den »Marsch der Dissidenten«, eine Reihe von Protesten der Opposition in mehreren russischen Städten, reagierte der Staat mit einem neuen Gesetz über Kundgebungen, das eine 15-tägige Voranmeldung erfordert.

2008 wurde Dmitri Medwedew Russlands Präsident und die Protestbewegung verpuffte. Ein cleverer Schachzug der Regierung, die Reihen neu zu ordnen. Neue Proteste brachen erst Ende 2011, nach den Parlamentswahlen aus. Am 5. Dezember kamen mehr als 15 000 Menschen zusammen, um gegen die manipulierten Wahlergebnisse zu protestieren. Als am 24. Dezember bereits 100 000 Menschen auf dem Moskauer Sacharow-Prospekt protestierten, reagierten die Behörden umgehend und versprachen freie Gouverneurswahlen, Versammlungsfreiheit und vieles mehr. Die Demonstranten zerstreuten sich. Im Mai 2012, im

Zusammenhang mit der erneuten Wahl Putins, wurden wiederum Kundgebungen abgehalten, wobei die Obrigkeit diesmal nicht ganz so nachsichtig war. Stadtverwaltung und Polizei behinderten die Veranstaltung massiv, Hunderte wurden festgenommen.

Die Protestbewegung verebbte erst im Sommer 2013 und brachte der Opposition außer Verhaftungen und Geldstrafen keine nennenswerten Ergebnisse. Im März 2017, nach der Veröffentlichung von Alexej Nawalnyjs Film *Он нам не Димон* (»Für euch ist er nicht Dimon«), begann eine neue Serie von gesamtrussischen Kundgebungen. Der Film deckte die Korruptionspläne des damaligen Ministerpräsidenten Dmitri »Dimon« Medwedew auf. Die Welle der Antikorruptionskundgebungen, Streikposten und Märsche endete im Mai 2018. In deren Folge wurden Tausende von Menschen verhaftet und Hunderte verurteilt.

Jeder neue Protest brachte eine neue, strengere Gesetzgebung hervor. Danach war der Kontakt zu den Behörden für immer verloren. Zahlreiche sozioökonomische, arbeitspolitische, umweltpolitische und städtische Proteste wurden aufgelöst, und die Zensur griff auf die Medien, Konzerthäuser, Theater und andere kulturelle Einrichtungen über.

Die Kundgebungen im Jahr 2021 waren nach den Protesten in der Sacharow-Allee die bisher größten: Am 23. Januar nahmen nach Schätzungen der nunmehr verbotenen MBH-Medien zwischen 110 000 und 160 000 Menschen an den Protesten in ganz Russland teil, während die Anhänger Nawalnyjs die Zahl sogar auf 250 000 bis 300 000 schätzten. In Moskau hingegen zählte das Innenministerium 4000 Demonstranten, Nawalnyj-Anhänger 50 000 und die Nachrichtenagentur Reuters 40 000. Quantitative Zahlen für Kundgebungen waren schon immer ein Problem.

Nawalnyj selbst hatte am 17. Januar 2021, dem Tag seiner Verhaftung am Flughafen, in einer Videobotschaft in den sozialen Medien zu diesen Protesten aufgerufen. Einige Tage vor den Kundgebungen gab es eine Welle der Hysterie. Die Lehrkräfte an Universitäten, Instituten und Hochschulen erklärten den Studenten, dass sie der Lehranstalt verwiesen würden, wenn sie an nicht genehmigten Protesten teilnähmen, und informierten sie auch über Zeit und Ort der Veranstaltung. In den Schulen wurden den Kindern dieselben Informationen vorgetragen, und besonders eifrige Pädagogen verlangten, dass Zehnjährige ein Dokument unterschreiben, in dem sie bestätigten, dass sie entsprechende Informationen über die Kundgebungen erhalten hätten. Schulkinder kamen nach solchen Treffen nach Hause und erzählten den verblüfften Eltern, dass ihnen heute in der Schule von einer Protestkundgebung erzählt wurde, die an diesem und jenem Ort und zu dieser und jener Zeit stattfinden solle und warum sie dort nicht hingehen sollten. Sogar in Kindergärten wurden Flugblätter verteilt, in denen dazu aufgerufen wurde, Kinder nicht zu Kundgebungen gehen zu lassen. Die Behörden haben noch die Kleinsten so wirkungsvoll wie möglich über die Kundgebungen informiert, und doch waren vier Prozent aller Teilnehmenden Kinder. Was schließlich eine willkommene Gelegenheit für die Behörden war, die Russen in einer gemeinsamen Anstrengung zum Schutz der Kinder vor missgünstigen und unverantwortlichen Oppositionellen zu vereinen. In der Zwischenzeit häuften sich in den Elternchats Horrorgeschichten über einen Jungen, der zu einer Gesellschaft der Oppositionellen geladen wurde, wo ihm die Sinne durch Rauschmittel vernebelt worden seien. Kurze Zeit später habe der Junge, ohne sich dessen bewusst zu sein, auf der Kundgebung gestanden und wilde Slogans gegen die Regierung gerufen. »Und dann geschah etwas Schreckliches mit ihm.« Was an Schrecklichem geschieht, wird in der Regel nicht genauer ausgeführt, aber es ist klar, dass das Kind bei diesen Kundgebungen etwas sehr Schlimmes erwartet. Die tatsächliche Gefahr für die Teilnehmer bei einer friedlichen Demonstration besteht in den Attacken der Bereitschaftspolizei und der Rosgvardia.

Die bekannteste Episode dieser Proteste war der Vorfall mit Margarita Judina in St. Petersburg. Eine

54-jährige Frau ging auf Beamte des »Einsatzregiments der Abteilung für innere Angelegenheiten der Region St. Petersburg und Leningrad« zu und wurde von einem von ihnen in den Bauch getreten. Die Frau stürzte, schlug mit dem Kopf auf und wurde mit einer Gehirnerschütterung ins Krankenhaus gebracht. Ein Video des Vorfalls wurde noch am selben Tag im Internet veröffentlicht. Auf dem Video ist zu sehen, wie die Frau auf die Gruppe von Einsatzkräften zugeht, die einen jungen Mann ergriffen haben, und sie fragt: »Warum habt ihr ihn euch geschnappt?« Einer der Polizisten, der einen Helm mit hochgeklapptem Visier trägt, tritt ihr daraufhin in den Bauch. Derselbe Beamte kommt anschließend ins Krankenhaus, um sich bei Margarita Judina zu entschuldigen. Davon gibt es auch ein Video. Der Polizist, ein junger Mann, brachte ihr Blumen und entschuldigte sich mehrmals: »Ich habe nicht gesehen, was los war – mein Visier war beschlagen.« Fortan wurde der Satz: »Mein Visier war beschlagen«, zu einem Symbol für die sinnlose Grausamkeit bei der Unterdrückung jeglicher Opposition im Land. Das Untersuchungskomitee lehnte es ab, ein Strafverfahren einzuleiten, da es in dem Verhalten des Polizisten kein Vergehen sah.

Als die Episode des Polizisten, der die Frau tritt, im Internet auftauchte und eine große Zahl von Zugriffen erhielt, wurde sie im offiziellen Fernsehen kommentiert. Ein Fernsehmoderator nannte den Fall eine »gut vorbereitete Provokation« und erklärte, dass »alle Vollzugsbeamten, einschließlich dieses Mannes in St. Petersburg, belohnt werden sollten«. Ein anderer Sender schnitt den Moment des Tritts aus dem Video heraus. Der Tritt selbst wurde als »Schub« bezeichnet, und den Demonstranten wurde vorgeworfen, sie bräuchten ein »heiliges Opfer«, doch »das Ziel wurde nicht erreicht«. Die Propaganda versucht, das Leiden der Opfer zu entwerten, und führt das gewalttätige Vorgehen gegen friedliche Demonstranten auf die Tatsache zurück, dass die Kundgebung nicht genehmigt war. Zusätzlich wird wie üblich auf den Westen verwiesen, wo nicht genehmigte Proteste mit noch größerer Brutalität unterdrückt würden.

Die Reaktion des Kremls war lakonisch: »Jetzt werden viele Menschen sagen, dass viele Menschen zu den illegalen Aktionen gekommen sind. Nein, es sind nicht viele Menschen auf die Straße gegangen, es haben viele für Putin gestimmt. Und viele Menschen haben für die Verfassungsänderungen gestimmt«, sagte der Pressesprecher des Präsidenten, Peskow, in einem Interview. Er sagte auch, er respektiere alle Standpunkte, lehne aber »die Teilnahme an illegalen Kundgebungen« kategorisch ab – sie sei schließlich ein Verstoß gegen das Gesetz. Diese ausgesprochen gleichgültige Haltung gegenüber den Demonstranten zeigt der Kreml seit Jahren; er interessiert sich nicht für die Gründe des Protests, denn das Ergebnis ist im Voraus bekannt. Zu diesem Zweck wurden Steuergelder für den Kauf von Uniformen für die Polizei und die Nationalgarde sowie für die Anschaffung von Schlagstöcken, Handschellen und Elektroschockern verwendet.

Die nächsten Protestkundgebungen fanden am 31. Januar statt. Bereits am 29. Januar kündigte die russische Generalstaatsanwaltschaft an, dass die »provokativen Aktionen« am 30. und 31. Januar nach Artikel 212 des russischen Strafgesetzbuchs über Ausschreitungen geprüft würden und dass »die Beteiligung von Minderjährigen an illegalen Aktivitäten eine Straftat nach Artikel 150 des russischen Strafgesetzbuchs darstellt«. Die Polizei verhaftete Journalisten und Aktivisten und warnte alle anderen davor, an der Kundgebung teilzunehmen. Nach Schätzungen des russischsprachigen estnischen Nachrichtenportals *Открытые Медиа* (Offene Medien) nahmen an den größten Kundgebungen in 42 Städten nur zwischen 65 000 und 100 000 Menschen teil. Nawalnyjs Unterstützer schätzen die Zahl hingegen auf 200 000 bis 300 000 Menschen in 140 Städten. Das lettische Nachrichtenportal *Meduza* meldete, dass 5 657 Personen festgenommen wurden, während das russische nichtstaatliche Menschenrechtsmedienprojekt *OVD-Info* von 5 754 Personen berichtete. Diesmal waren die Verhaftungen äußerst brutal unter Einsatz von Elektroschockern, Tränengas, Schlagstöcken, Tritten und Faustschlägen vorgenommen worden. Die Demonstranten hatten gebrochene Beine, Arme, Rippen und Gehirnerschütterungen. In Kostroma behauptete einer der festgenommenen Demonstranten, gefoltert worden zu sein. Ein gehörloser Mann aus St. Petersburg wurde zu einer Geldstrafe verurteilt, weil er bei einer Kundgebung am 31. Januar »verfassungsfeindliche Parolen skandiert« habe.

Die häufigsten Slogans waren: »Russland wird frei sein«, »Russland ohne Putin«, »Putin ist ein Dieb«, »Freiheit für Nawalnyj«, »Einer für alle und alle für einen«, »Gegen die Regierung zu sein bedeutet nicht, gegen die Heimat zu sein«, »Putin hat Angst vor Nawalnyj«, »Freiheit für politische Gefangene«, »Wir sind hier die Regierung«, »Veränderung«. Im Januar war das Symbol der Proteste eine Klobürste – wie die Zeiten sind, so sind auch die Symbole. Die Klobürste kam mit Nawalnyjs Film *Дворец Путина. История одной взятки* (»Ein Palast für Putin, die Geschichte der größten Bestechung«). Der Slogan »Veränderung« ist ein Erbe von Belarus, wo die Oppositionskräfte »Veränderung« zu dem gleichnamigen Lied von Viktor Tsoi skandierten.

Am Tag der Gerichtsverhandlung im »Fall Yves Rocher« kam es am 2. Februar erneut zu Protesten. Formal war es dieser 2012 eingeleitete Fall, der zu Nawalnyjs Verhaftung am Flughafen führte. Der Konzern Yves Rocher beschuldigte die Brüder Alexej und Oleg Nawalnyj des Betrugs. Später lehnte Yves Rocher es ab, in der Verhandlung als Opfer aufzutreten und die Brüder zu verklagen. Dennoch wurde das Strafverfahren nicht eingestellt, und im Dezember 2014 befand das Gericht die Nawalnyj-Brüder für schuldig und verurteilte Alexej Nawalnyj zu dreieinhalb Jahren Haft auf Bewährung und Oleg Nawalnyj zu dreieinhalb Jahren Gefängnis. Die Brüder legten gegen das Urteil Berufung beim Europäischen Gerichtshof für Menschenrechte ein, der im Oktober 2017 entschied, dass der Fall gegen das Recht auf ein faires Verfahren verstößt und das Urteil willkürlich und unangemessen ist.

Nach seiner Rückkehr aus Deutschland, wo Alexej Nawalnyj nach dem Giftanschlag vom 20. August 2020 behandelt worden war und sich zur Rehabilitation aufhielt, wurde er »wegen mehrfacher Verstöße gegen die Bewährungsauflagen« verhaftet. Am 2. Februar 2021 wandelte ein Gericht seine Bewährungsstrafe in eine tatsächliche Strafe um und schickte ihn für zwei Jahre, sechs Monate und zwei Wochen ins Gefängnis. Ein absurderes Verfahren ist kaum vorstellbar, und das Urteil war völlig vorhersehbar. An diesem Tag fanden Protestmärsche in Moskau und St. Petersburg statt.

Genaue Teilnehmerzahlen waren nicht verfügbar. Insgesamt wurden bei den Protesten 1 463 Personen festgenommen. Die Verhaftungen wurden erneut mit äußerster Härte durchgeführt. In der Nähe der Kuznetsky-Brücke schlug ein Ordnungshüter Fyodor Khudokormov, Kameramann des YouTube-Kanals *Real View*, bekleidet mit einer Weste mit der Aufschrift »Press« und seiner Ausrüstung in den Händen, zweimal mit einem Schlagstock auf den Kopf, sodass er stürzte. Das russischsprachige Onlinemedium *The Bell* berichtete über die Verhaftung der Journalistinnen Anastasia Stohnia und Valeria Pozychaniuk. *OVD-Info* hat die Namen von 12 Journalisten veröffentlicht, die seit dem 23. Januar für zwei oder mehr Tage inhaftiert wurden. Zehn weitere wurden verprügelt, mit Schlagstöcken und Tasern traktiert. Nach dieser Aktion begann die Polizei, die Wohnungen der Teilnehmer aufzusuchen, die von den Überwachungskameras identifiziert worden waren.

Im Januar und Februar 2021 gab es so viele Festnahmen, dass die Inhaftierten 24 Stunden lang in Gefangenentransportern sitzen mussten, ohne etwas zu essen oder zu trinken zu bekommen, ohne auf die Toilette gehen zu können. Viele wurden dann zur Justizvollzugsanstalt in Sacharowo gebracht, die ebenfalls nicht für eine so große Anzahl von Menschen ausgelegt ist. Wie üblich drückte Präsidentensprecher Peskow die Position des Kremls aus:

Es wurden mehr Menschen festgenommen, als die Haftanstalten aufnehmen können. Es werden mehr Menschen inhaftiert, als in kurzer Zeit abgefertigt werden können, und deshalb gibt es solche Konsequenzen. Aber ich wiederhole: Wir sollten hier nicht über Konsequenzen sprechen. Zunächst einmal sollten wir darüber sprechen, dass es sich um Personen handelt, die an illegalen Aktionen teilgenommen haben.

Und ja, wer immer diese Menschen sind – Aktivisten, Journalisten, Freiwillige, Menschenrechtsaktivisten, Demonstranten –, sie sind immer noch Menschen. In den ersten Tagen in Sacharowo gab es nicht genügend Matratzen für alle, einige schliefen im Stehen oder wechselten sich mit anderen ab, es gab tagelang kein Wasser und das Essen war zum Erbrechen. Männer und Frauen waren zusammen in eine Zelle gepfercht, in der die Toilette ein Loch im Boden war und nicht vom Rest der Zelle abgegrenzt. Ich erinnere mich an Sergej Dowlatow und seine Geschichte über seine Verhaftung aufgrund erfundener Anschuldigungen und das Kalajewskaja-Gefängnis, in dem die Gesetzlosigkeit und die Gewalttätigkeit des Wachpersonals überhandnahmen. In einem Interview mit Radio Liberty am 13. September 1978 sagte er:

> Ich muss mich bei denjenigen entschuldigen, denen ich nicht geglaubt habe, die ich versucht habe zu widerlegen, wenn sie mir von den Amokläufen der Polizei erzählt haben, worauf ich jedes Mal dasselbe sagte: Du musst sie beleidigt haben, sie als Faschisten bezeichnet haben oder sie geschubst oder auf ihre intellektuelle Erbärmlichkeit angespielt haben. Man hat mir gesagt, nein, so war es nicht, und ich habe es nie geglaubt. In Kalajew wurde ich zum ersten Mal mit direkter und offen erklärter Gesetzlosigkeit konfrontiert. Der Hauptfeldwebel stellte uns in einer Reihe auf und erklärte, dass er kein Gerede von der Staatsanwaltschaft, von sozialer Rechtmäßigkeit dulden würde. Für jeden Versuch, die Rechte zu beweisen, würden wir eine längere Strafe erhalten. Für jeden Versuch des Ungehorsams bekämen wir eine Strafzelle, einen Wasserwerfer und so weiter, das heißt, es wurde einfach angekündigt, dass wir für jeden Versuch, über unsere Unschuld zu sprechen, geschlagen und bestraft würden.

Wäre Dowlatow noch am Leben, er wäre mit Sicherheit überrascht – in diesem Land ändert sich nichts.

Nach der Schlägerei im Februar kündigte Leonid Wolkow einen Flashmob »Liebe ist stärker als Angst« an. Er forderte die Russen auf, am Valentinstag in ihre

Höfe zu gehen und um 20 Uhr die Taschenlampen ihrer Mobiltelefone einzuschalten, sie hochzuhalten und ein paar Minuten lang so stehen zu bleiben. Er forderte dazu auf, Fotos davon in den sozialen Netzwerken unter dem Hashtag #любовьсильнеестраха (»Liebe ist stärker als Angst«) zu veröffentlichen. Am 12. Februar forderte die russische Medienaufsichtsbehörde Roskomnadsor sämtliche Medien auf, Informationen über die Kundgebung zu entfernen, und der Vizesprecher der Staatsduma, Peter Tolstoi, verglich die Veranstaltung mit den Aktionen von Kollaborateuren im belagerten Leningrad, die angeblich Zielscheiben für Nazi-Flugzeuge angezündet hatten, während die Sprecherin des russischen Außenministeriums, Maria Sacharowa, die Aktion als Versuch westlicher Einflussnahme deklarierte. Präsidentensprecher Peskow tat sich schwer mit einer Antwort auf die Frage, ob dies als Aufruf zu einer nicht genehmigten Kundgebung zu werten sei, warnte aber vor den Strafmaßnahmen für Gesetzesbrecher. »Wir werden mit niemandem Katz und Maus spielen, aber natürlich werden alle unsere Ordnungskräfte die Täter vor Gericht bringen, wenn sie das Gesetz brechen.« Die Kundgebung verlief ohne Massenverhaftungen, aber nicht ohne Kuriositäten. So musste Dmitri Medwedew, stellvertretender Vorsitzender des russischen Sicherheitsrats, ehemaliger Ministerpräsident und ehemaliger Präsident der Föderation, die Bedeutung seines Instagram-Posts mit verschneiten Laternen erklären, den er am Sonntag eine Stunde vor dem Flashmob mit Taschenlampen veröffentlicht hatte. Später löschte Medwedew den Laternen-Post.

Eine weitere Demonstration zur Unterstützung von Nawalnyj, wieder organisiert von Wolkow, fand am 21. April statt. Nach Schätzungen der unabhängigen Medienplattform *Offene Medien* blieb das Ausmaß der Proteste im April in den Großstädten auf dem Niveau der Aktionen vom Januar. Die Zahl der Teilnehmer in ganz Russland schwankte zwischen 70 000 (nach Schätzungen der Medien) und 118 000 (nach Angaben von Nawalnyjs Unterstützern). *MBH Media* zählte zwischen 51 300 und 120 000 Menschen, und die Redaktion konnte bestätigen, dass Kundgebungen in 109 Städten stattfanden.

Die größte Kundgebung fand in Moskau statt. Die Polizei meldete dort 6 000 Teilnehmer; Nawalnyjs Unterstützer schätzen die Zahl auf das Zehnfache; verschiedene unabhängige Schätzungen reichen von 10 000 über 15 000 bis zu 25 000. Die Sozialanthropologinnen Alexandra Arkhipova und Irina Kozlova sowie der Politikwissenschaftler Alexei Sacharow führten eine Studie über die Teilnehmer an den Kundgebungen vom 21. April durch. Das Durchschnittsalter der Teilnehmer lag bei 31 Jahren, darunter viele mit Hochschulbildung und Studenten. Fast die Hälfte nahm zum ersten Mal an den Kundgebungen teil. Von 50 selbstgefertigten Plakaten forderten nur 10 die Freilassung von Nawalnyj, wie von seinem Team gefordert. Sechzehn Plakate brachten eine Haltung gegenüber dem Präsidenten zum Ausdruck, neun bezogen sich auf die soziale Ungleichheit im Land, fünf sprachen die Notlage des Landes insgesamt an und drei forderten Veränderungen.

Wenn wir einige Berechnungen anstellen, wird klar, dass die Proteste 2021 keine Chance hatten. In Russland leben heute etwas mehr als 146 Millionen Menschen, etwa 200 000 haben sich an Kundgebungen im ganzen Land beteiligt, das sind 0,14 Prozent. Gleichzeitig sind etwa 2,6 Millionen Russen bei den Sicherheitsdiensten beschäftigt. Nach Berechnungen der seit 2021 gesperrten Internetplattform *Projekt* ist die Gesamtzahl der Sicherheitskräfte seit 2014 um 10 Prozent gestiegen. Fast ein Drittel des Haushalts der Föderation wird jedes Jahr für den Unterhalt der Sicherheitsbehörden ausgegeben. Der größte Teil der Ausgaben fließt in den Schutz des Landes vor äußeren Feinden, aber der Staat hat auch genug Geld, um die internen Kräfte zu unterhalten. Ein gut gefütterter Staatsapparat ist schwer zu bekämpfen.

Als Präventivmaßnahme nahmen die Sicherheitskräfte Aktivisten und Anhänger Nawalnyjs noch vor

Beginn der Kundgebungen fest. Insgesamt waren die Festnahmen in ganz Russland, mit Ausnahme von St. Petersburg, relativ gesehen mild. Nach Angaben von *OVD-Info* wurden bis zum 11. Juli landesweit 2 096 Personen in 99 Städten im Zusammenhang mit den April-Aktionen festgenommen. Insgesamt wurden seit Anfang des Jahres 2021 mehr als 11 000 Menschen festgenommen. Die Festgenommenen wurden verurteilt wegen: Verstoßes gegen die Hygienevorschriften, Beteiligung von Minderjährigen an Kundgebungen, Gewalt gegen Sicherheitskräfte, Hooliganismus, Beleidigung einer Person im Dienst, Aufruf zu Massenunruhen, Aufruf zum Extremismus, Blockieren von Straßen und Vandalismus. Die Verhaftungen und Anklagen im Zusammenhang mit Protesten dauerten auch im Herbst 2021 noch an. Puschkin ist also immer noch aktuell – Aufstände in Russland sind sinnlos und die Behörden gnadenlos.

Im Juni 2021 berichteten die russischen Behörden den Vereinten Nationen zum ersten Mal über die Zahl der Menschen, die während der gesamtrussischen Proteste im Januar und Februar desselben Jahres festgenommen worden waren. In dem Bericht heißt es, dass 17 600 Bürger nach den Oppositionskundgebungen im Winter auf Polizeistationen gebracht wurden. Die meisten der Verhafteten kamen glimpflich davon: Sie wurden zu Geldstrafen zwischen 10 000 und 300 000 Rubel (entsprechend etwa 115 bis 3500 Euro) und zu Verwaltungsstrafen von 15 bis 30 Tagen Haft verurteilt. Die aktivsten Demonstranten wurden wegen strafbarer Handlungen verurteilt: Widerstand gegen die Polizei, Aufruf zu Massenunruhen, Rowdytum, Sachbeschädigung, Verstoß gegen sanitäre und epidemiologische Normen usw. Auf die Proteste folgten nicht nur Verhaftungen, sondern auch eine Welle von Entlassungen. So wurden Angestellte staatlicher und staatlich finanzierter Organisationen (Polizeibeamte, Lehrer, Dozenten, Theaterangestellte und andere) nicht nur wegen ihrer Teilnahme an Kundgebungen, sondern auch wegen ihrer Unterstützung für Nawalnyj in den sozialen Medien, wegen Posts und Likes von Informationen über Kundgebungen oder andere Aktivitäten der Opposition zur Kündigung gezwungen. Mehr als hundert Mitarbeiter der Moskauer Metro, die sich auf *free.navalny.com* registriert hatten, wurden entlassen. Viele Studenten wurden wegen ihrer Beteiligung an den Protesten der Universitäten und Institute verwiesen. Nach den Protesten erklärte der russische Bildungsminister Sergej Krawzow, dass an den Schulen Bildungsberater (politische Tutoren) eingesetzt würden, die mit den Schülern über Politik und Kundgebungen sprechen sollen. Ab 2022 werden die Bildungsberater in allen Regionen in den Schulen präsent sein.

Die russische Regierung hat sehr deutlich gemacht, dass es sich nicht lohnt, sich zu versammeln. Vielleicht ist es wie in Weißrussland: Wenn es zu viele Menschen auf der Straße gibt, wird die Armee eingesetzt. Wie lange kann man gegen Panzer und Maschinengewehre protestieren? Außerdem hat jeder eine Familie und Kinder. Niemand möchte Waisen in diesem Zustand zurücklassen. Und niemand weiß, wie viele Panzer und Maschinengewehre gegen wie viele Demonstranten etwas ausrichten können, wann die friedliche Mehrheit ausreicht, die waffenstarrende Minderheit zur Umkehr zu bringen und die Regierung, wenn nicht zu stürzen, zum Einlenken zu zwingen.

Was die Menschen heute am meisten erschreckt, sind die Willkür der Verhaftungen und die Unverhältnismäßigkeit der Strafen. Demonstranten erzählen, dass Menschen wahllos aus der Menge gegriffen werden, man kann einfach vorbeigehen und wird gepackt. So wird ein beliebiger Passant in einen Polizeiwagen gezerrt und ebenso zufällig wird er zu einer Bewährungs- oder unbedingten Strafe verurteilt. Die Zahl der Verbotsgesetze ist zahllos und nicht mehr zu überblicken. Einerseits ist es verwirrend und beunruhigend, andererseits werden die Menschen unempfindlich gegenüber derart vielen Gesetzen. Das gilt umso mehr, wenn diese Gesetze für eine Gruppe von Bürgern gelten und für eine andere nicht. Schließlich werden staatliche Flashmobs, Paraden, Aufmärsche und Demonstrationen ohne jegliche hygienische und epidemiologische Einschränkungen und sogar unter Beteiligung von Minderjährigen durchgeführt. Das russische Rechtssystem lässt zu allem auch eine freie Auslegung der Gesetze zu. Die Menschen glauben nicht an einen fairen Prozess in politischen Fällen, da sie nie einen solchen Prozess erlebt haben. Anstatt soziale Probleme zu lösen und auf die konkreten Beschwerden der Bürger einzugehen, wählt die Regierung die Taktik, die Schrauben anzuziehen, an- und an- und anzuziehen. Der Repressionsapparat wurde den Protesten von 2021 in einer unmittelbaren Reaktion angepasst: Der Duma-Abgeordnete Jewgeni Fjodorow schlug vor, ausländischen Agenten die Organisation öffentlicher Veranstaltungen zu verbieten, während ein anderer Abgeordneter, Jewgeni Martschenko, einen Gesetzentwurf vorlegte, der fünf Jahre Gefängnis für die Beteiligung von Minderjährigen an illegalen Kundgebungen vorsah. Der Kreml hat keine Angst vor Protesten, es ist ihm egal. Er hat in all den Jahren massenhaft Bereitschaftspolizei und Nationalgardisten produziert und ihnen grenzenlose Macht verliehen. Die Bürger können ruhig schlafen – es wird keine Revolution geben.

4. Ein verrückter Drucker. Das Parlament als Repressionsapparat

Gesetze sind wie Würste, die in dem Maße, in dem wir wissen, wie sie gemacht werden, keinen Respekt mehr erwecken.

JOHN GODFREY SAXE, Otto von Bismarck zugeschrieben

Am 18. Juni 2021 schrieb die Zeitung *Wedomosti* (»Der Anzeiger«) über die Arbeit der siebten Staatsduma: »Die Abgeordneten der Staatsduma haben 2 672 Gesetze verabschiedet und bewiesen, dass sie bereit sind, alle Reformen durchzuführen, selbst wenn das auf Kosten ihrer Popularität geht.« Und tatsächlich waren viele dieser mehr als 2 000 Gesetze wenig bis gar nicht populär. Dieser Elan des russischen Parlaments wurde mit leichter Hand von der liberalen *Nowaja Gaseta* als »verrücktes Druckerregime« bezeichnet. Und wenn die Russen die bereits in der sechsten Duma verabschiedeten Gesetze aufmerksam gelesen hätten, würden sie verstehen, wohin das führt, und wären nicht überrascht. Der Kurs, Russland in einen totalitären Staat zu verwandeln, wurde zu Beginn der Nullerjahre eingeschlagen, seit 2011 hat er ein faszinierendes Ausmaß angenommen.

Im Jahr 2012 wurde ein Gesetz über ausländische Agenten verabschiedet. Es betrifft gemeinnützige Organisationen, die aus dem Ausland finanziert werden und politisch tätig sind. Davon sind vor allem Menschenrechts- und Umweltorganisationen betroffen, für die es von Jahr zu Jahr schwieriger geworden ist, in Russland tätig zu werden. Die schwerwiegendste Folge dieses Gesetzes ist die Liquidation solcher Organisationen. Ende 2014 erschien ein weiterer Gesetzentwurf – »über unerwünschte Organisationen«. Jede internationale Nichtregierungsorganisation kann damit als eine »der Sicherheit des russischen Staates abträgliche Organisation« eingestuft werden. Womit allein die Infragestellung des gegenwärtigen politischen Systems oder die »Verbreitung einer liberalen Stimmung« gemeint ist.

Das Gesetz über Hochverrat wurde ebenfalls 2012 geändert. Der Wortlaut des Gesetzes ist heute relativ vage gehalten und betrifft zunächst »die Unterstützung eines ausländischen Staates bei Aktivitäten, die der Sicherheit der Russischen Föderation schaden«. Es gibt keine Kriterien, die diesen Schaden irgendwie einordnen, aber er kann jederzeit durch die Nationale Sicherheitsstrategie neu definiert werden, im ersten Kapitel habe ich kurz skizziert, wie diese Strategie aussieht.

Außerdem wurde im Jahr 2012 ein Gesetz über »strafrechtliche Verleumdung« verabschiedet, das aktiv gegen Aktivisten und Journalisten eingesetzt wird, die die Arbeit der russischen Behörden kritisieren.

Im Jahr 2013 trat ein Gesetz über »die Beleidigung der Gefühle von Gläubigen« in Kraft. Dieses Gesetz betrifft in erster Linie die Kunst, die Medien, die sozialen Netzwerke, und wird zu einem Druckmittel religiöser Organisationen, allen voran die Russisch-Orthodoxe Kirche, die die Regierung seit Langem für ihre eigenen Zwecke benutzt, und des Staates gegen Künstler, Journalisten und Bürgerrechtsaktivisten. Dieses Gesetz wird häufig zur Durchsetzung der Zensur verwendet.

Im Februar 2014 trat ein Gesetz in Kraft, das es der Generalstaatsanwaltschaft ermöglicht, über die Aufsichtsbehörde Roskomnadsor Websites, die »Aufrufe zu Massenunruhen oder andere extremistische Informationen« verbreiten, unverzüglich zu sperren. Was dabei als Massenunruhe und extremistische Information einzustufen ist, ist ebenfalls Roskomnadsor vorbehalten. Dieses Gesetz ermöglicht die komplette außergerichtliche Regulierung des Internets durch den Staat. Die Duma verabschiedete ebenfalls ein Gesetz, das die Adoption von Kindern aus Russland durch in den USA ansässige Personen verbietet. Das Gesetz ist nach seinem Initiator Dima Jakowlew benannt und wird im Volksmund auch als »Gesetz der Schurken« bezeichnet. Es wurde als Reaktion auf die US-Sanktionen gegen die Verantwortlichen für den Tod von Sergej Magnitski verabschiedet. Der Firestone-Duncan-Wirtschaftsprüfer Sergej Magnitski behauptete, dass russische Beamte und Sicherheitskräfte in großem Stil öffentliche Gelder durch illegale Steuerrückzahlungen veruntreut hätten. Er wurde wegen Beihilfe zur Steuerhinterziehung angeklagt und 2008 verhaftet. Er starb im Moskauer Untersuchungsgefängnis Matrosskaja Tischina, »Matrosenruhe«, sieben Tage vor Ablauf der einjährigen Frist, in der er rechtmäßig ohne Gerichtsverfahren festgehalten werden konnte.

Im Mai 2014 wurde dann das sogenannte Jarowaja-Paket angenommen. Irina Jarowaja, Mitglied des Generalrats der Partei »Einiges Russland«, Vorsitzende des Duma-Ausschusses für Sicherheit und Korruptionsbekämpfung, ist als Autorin und Mitverfasserin einer Reihe aufsehenerregender Gesetzentwürfe bekannt: etwa über die Wiedereinführung der Strafbarkeit von Verleumdung, oder die obligatorische Verhängung des Status eines »ausländischen Agenten« für aus dem Ausland finanzierte NGOs. Nun legte sie einen Vorschlag für ein »Anti-Terror«-Paket vor, in dem sie vorschlägt, die Höchststrafe für die Organisation von Massenunruhen unter Anwendung von Gewalt von 10 auf 15 Jahre zu erhöhen. Die Opposition behauptete, die Anti-Terror-Initiativen würden als Deckmantel für Gesetze gegen Andersdenkende benutzt. Am 5. Mai 2014 unterschrieb Präsident Wladimir Putin das gesamte Anti-Terror-Gesetzespaket.

Im Juli 2014 wurde ein neuer Artikel – 212.1 Strafgesetzbuch – eingeführt, der Strafen für wiederholte Verstöße gegen das Verfahren zur Organisation oder Durchführung von Versammlungen, Kundgebungen, Märschen oder Streikposten vorsieht. Der Artikel sieht eine Freiheitsstrafe von bis zu fünf Jahren vor, wenn innerhalb von 180 Tagen mehr als zwei administrative Verstöße gegen die festgelegte Organisationsordnung oder die Abhaltung von Versammlungen, Kundgebungen, Streikposten usw. begangen werden. Der Artikel wird nun »Fall Dadin« genannt, nach dem ersten Aktivisten der Zivilgesellschaft, der auf der Grundlage dieses Artikels verurteilt wurde. Ildar Dadin, geboren 1982, verbüßte drei Jahre in einer Strafkolonie des allgemeinen Regimes. Ende Februar 2017 wurde er überraschend vorzeitig aus dem Straflager entlassen.

Neben den verabschiedeten Gesetzen gab es auch etliche seltsame und völlig absurde Initiativen. »Je dümmer und lächerlicher eine Initiative ist und je mehr sie die Aufmerksamkeit der Medien und der

Wählerschaft auf sich zieht, desto nützlicher ist sie«, sagte Jewgeni Fjodorow, Abgeordneter von »Einiges Russland«, in einem Interview mit dem Onlinejournal *Lenta.ru* im Dezember 2014. Er vergleicht die Duma mit einem Theaterstück, sich selbst mit einem Schauspieler und sieht seine Hauptaufgabe darin, »die Aufmerksamkeit der Bürger von den wahren Mechanismen der Entscheidungsfindung abzulenken«. Wahrscheinlich hat die sechste, 2011 gewählte Duma deshalb vorgeschlagen, alle Männer zu bewaffnen, um die Zugvögel, die nach Russland zurückkehren, abzuschießen, um einer Vogelgrippeepidemie vorzubeugen, und Frauen, die mit Ausländern verheiratet sind, die Staatsbürgerschaft zu entziehen.

Eine weitere unpopuläre Entscheidung war das Dekret des russischen Präsidenten vom 6. August 2014 »Über wirtschaftliche Sondermaßnahmen zur Gewährleistung der Sicherheit der Russischen Föderation«, mit dem ein Lebensmittelembargo verhängt wurde. Damals wurde die Krim russisch und viele Länder verhängten Sanktionen gegen Russland. Dies führte im Allgemeinen zu einem Anstieg der Preise auf dem heimischen Markt und zu einer verstärkten Substitution von Naturprodukten durch Ersatzstoffe. Eine große Anzahl eher ungewöhnlicher Lebensmittel wurde als käse- und fleischhaltig gekennzeichnet. Ich würde nicht empfehlen, sie zu essen – sie schmecken nicht gut und erinnern an Plastik. In jüngerer Zeit gibt es auch käseähnliche Produkte, die überhaupt keinen Käse enthalten, aber – entgegen der in Europa verbreiteten veganen Nahrung – ausdrücklich als Käse deklariert werden.

Ende 2015 beschlossen die Abgeordneten, Normen in die Gesetzgebung aufzunehmen, die es ihnen erlauben, die Entscheidungen internationaler Gerichte zu ignorieren, was gegen die Systematik und Logik des russischen Rechtssystems verstößt.

Als Reaktion auf die Bombardierung Syriens durch die USA hat Russland 2018 ausländische Arzneimittel verboten. Der Abgeordnete der Staatsduma, Pjotr Tolstoi, schlug vor, statt westlicher Medikamente einen Aufguss aus Weißdorn und Eichenrinde zu trinken. Im November 2019 zogen Mukoviszidose-Patienten und ihre Eltern im ganzen Land als Streikposten auf und forderten die Rückgabe von Original-Antibiotika, die aufgrund von Änderungen des Gesetzes über die staatliche Beschaffung vom Markt genommen worden waren. Im Jahr 2021 starb die 26-jährige Mukoviszidose-Patientin Dascha Semenowa, die im November 2019 mit einem Plakat vor dem Gesundheitsministerium in Moskau stand, auf dem »Ich will leben!« zu lesen war. Dascha wartete auf eine Lungentransplantation und war sich sicher, dass sich ihr Zustand allein durch die Behandlung mit den falschen

Medikamenten drastisch verschlechtert hatte. Und sie ist nicht die Einzige. Trotz der Tatsache, dass sich die russische Pharmaindustrie seit den verhängten Sanktionen relativ schnell entwickelt, unterscheiden sich die Analoga vieler lebensrettender Medikamente qualitativ noch immer stark von den ausländischen Medikamenten. Tausende von Kindern im Land benötigen Medikamente, die in Russland nicht zugelassen sind. Aus diesem Grund werden Eltern, die notwendige Medikamente für ihre Kinder kaufen, vor dem Gesetz zu Schmugglern. Der aufsehenerregendste Fall ereignete sich 2019 in Moskau, als Elena Bogolyubova wegen Schmuggels festgenommen wurde, als sie auf dem Postamt ein Paket mit dem krampflösenden Medikament Frisium entgegennahm. Sie hatte das Medikament für ihren Sohn gekauft, konnte aber die Rechtmäßigkeit des Kaufs nicht bestätigen, obwohl sie alle erforderlichen ärztlichen Empfehlungen vorgelegt hatte. Das russische Medikament hilft dem Jungen nicht.

Die Arbeit der siebten Duma setzte den begonnenen Kurs unbeirrt fort. Im Jahr 2019 trat ein Gesetz zur »Missachtung der Macht« in Kraft, das jegliche Kritik an den Behörden im Internet weitgehend verbietet. Gleichzeitig trat ein Gesetz über Falschnachrichten in Kraft, das ebenfalls als flexibles Instrument der

Zensur anzusehen ist. Im selben Jahr trat ein »souveränes Internet-Gesetz« in Kraft, um ein eigenes russisches Internet, Runet, installieren und vom globalen Netz abkoppeln können. Im Jahr 2020 haben die Abgeordneten 533 Gesetze verabschiedet, von denen die meisten darauf abzielten, die Unzufriedenen und Andersdenkenden mundtot zu machen und in den Untergrund zu treiben und im Ergebnis eine Ständegesellschaft zu etablieren. Diejenigen, die oben sind, dürfen alles – die unten sind, dürfen nichts.

Das Gesetz über ausländische Agenten wurde erlassen, um die Opposition auszuschalten, das Gesetz über die Bildung wurde verabschiedet, um Andersdenkende zu bekämpfen, das Gesetz über die Zensur der nationalen Medien wird die Verdrängung ausländischer Inhalte und die literarische »Importsubstitution«, ein weiterer gängiger Begriff, sicherstellen. Wenn die Macht unbequeme Inhalte löscht, ersetzt sie sie mit eigenen propagandistisch aufgeladenen Inhalten, so wie sie im Verlauf der Sanktionen eben auch Käse aus dem Ausland oder Medikamente durch eigene Produkte mit propagandistischem Aufwand ersetzt. Dass sie besser sind, kann niemand, der sie eingenommen hat, behaupten. Nun sollen die aktuellen Änderungen des Gesetzes über Kundgebungen die Demonstranten ein für alle Mal davon abhalten, auf die Straße zu gehen.

Seit 2020 gilt sogar eine einzelne Mahnwache als Massenveranstaltung. Und wenn jemand, der zu nah an eine Kundgebung kam oder im falschen Moment das Haus verließ, mit einem Schlagstock auf den Kopf geschlagen wird, wird der Polizeibeamte keineswegs bestraft, aber die Zufallsperson wird mit einer Geldstrafe belegt, wegen Störung der öffentlichen Ordnung oder Behinderung der Staatsgewalt bei Ausübung ... eben ihrer Gewalt. Strafverfolgungsbeamte gehen straffrei aus, sorgfältig werden ihre persönlichen Daten geschützt, namentliche Kennschilder wurden wieder abgeschafft, ebenso sämtliche Informationen über Einkommen und Vermögen der Abgeordneten. Sollte ein Abgeordneter versehentlich irgendwo eine Milliarde Rubel stehlen, kann es so wenig bewiesen werden wie absichtlicher Diebstahl oder Unterschlagung. Andererseits kann natürlich alles Mögliche bewiesen werden, sobald ein Abgeordneter auf die Idee kommen sollte, Kritik am Staatsapparat oder – schlimmer noch – Zweifel zu artikulieren. Ehemalige Präsidenten haben laut Verfassung lebenslange Immunität für »Verbrechen von mittlerer Schwere«. Das heißt, wenn Dmitri Medwedew – der bisher einzige Ex-Präsident, den wir haben – einer alten Dame auf dem Zebrastreifen die Handtasche wegschnappte, bekäme er nichts anderes dafür als Schutz.

Die Lawine neuer Gesetze bombardiert die Wähler

unaufhörlich mit Verboten, Bußgeldern und Strafen. Und der Präsident bemüht sich unermüdlich, sie zu unterzeichnen. Er schreibt und schreibt und schreibt.

Anfang Juli 2021 wurden mehr als tausend Seiten an Gesetzen – insgesamt 132 Rechtsakte, die der Kreml von den letzten Sitzungen der siebten Duma erhielt – vom Präsidenten gegengezeichnet und innerhalb von 48 Stunden offiziell veröffentlicht.

Die wichtigsten Erweiterungen – respektive Einschränkungen – zusammengefasst: Unter anderem wurden das Bankgeheimnis, das Brief- und das Telefongeheimnis faktisch abgeschafft. Überwachung mit Gesichtserkennung und die Kontrolle der Bewegungen der Menschen innerhalb und außerhalb des Landes wurden erlaubt. Es wurden zusätzliche Methoden und Gründe für die Sperrung von Websites eingeführt. Mit den neuen Gesetzen wurden die Voraussetzungen geschaffen, um Messenger, YouTube, Google und andere große IT-Unternehmen in Russland zu schließen. Smartphones werden nur noch mit vorinstallierten russischen Apps zum Verkauf angeboten. Kurzum: Die totale Überwachung steht nicht mehr nur bevor, wir sind mittendrin.

Außerdem ist es verboten, die entscheidende Rolle der UdSSR im Zweiten Weltkrieg zu leugnen und Bilder von Nazi-Verbrechern zu veröffentlichen. Präsident Putin hat im Mai 2021 erklärt, dass das russische

Volk »im Prinzip« allein gegen Nazideutschland gekämpft und gesiegt hat. Das heißt übersetzt, es gab keinen Zweiten Weltkrieg, sondern nur den Großen Vaterländischen Krieg. Die Russische Buchunion hat den Buchhandlungen bereits vorgeschlagen, das Buchsortiment zu überprüfen und vor allem Veröffentlichungen mit Hitler auf dem Umschlag auszusortieren. Das betrifft zahlreiche Bücher über die Geschichte des Dritten Reichs und des Zweiten Weltkriegs.

Die von Putin unterzeichneten Dokumente sind das letzte Erbe der siebten Duma. Darunter sind einige, die schwer zu verstehen sind.

Wozu braucht man ein Gesetz, das die Größe der Pilzköpfe regelt? Pilze mit Köpfchen, die einen Durchmesser von weniger als 1,5 Zentimetern haben, sollten nicht gepflückt werden. Ist das unser Beitrag zum Abbremsen der Erderwärmung? Wenn es darum ginge, wäre es effektiver, bei Rosneft anzufangen, der Firma, der immer wieder Erdöl abhandenkommt, das in der russischen Muttererde versickert. Und wer wird die Einhaltung der Pilzbestimmung kontrollieren – die Pilzpatrouillen? Oder die Kosaken, die der Rosgvardia zu Hilfe kommen? Das Sammeln von Fliegenpilzen und grünen Knollenblätterpilzen ist streng verboten, und ja, auch der Anbau von krauser Petersilie ist untersagt. Die Duma ist der Ansicht, dass sie eine Art narkotische Wirkung hat. Es reicht aus, Pfifferlinge,

Fliegenpilze oder krause Petersilie zu ziehen, um ins Gefängnis zu kommen – oder jemanden ins Gefängnis zu bringen.

Das aktuelle Tüpfelchen auf dem i sind die Änderungen des Föderalen Gesetzes N171 »Über die staatliche Regulierung der Herstellung und des Abbaus von Alkohol und alkoholhaltigen Getränken«, wonach nur in Russland hergestellter Champagner als »Champagner« bezeichnet werden darf und alle importierten Varianten nur noch Schaumweine sind. Das Gesetz erlaubt aber die Herstellung von »russischem Cognac«. Einer der Autoren des Gesetzentwurfs, der Abgeordnete von »Einiges Russland«, Michail Scheremet, sagte, dass die Winzer der Krim die angenommenen Änderungen unterstützen, während der politische Analyst Stanislaw Belkowski glaubt, dass die Änderungen verabschiedet wurden, weil Freunde und Partner des russischen Präsidenten in die Weinbranche eingestiegen sind.

Doch es gibt auch gute Nachrichten, wenigstens eine: Im August 2021 erlaubte Wladimir Putin Beamten, zusätzlich eine ausländische Staatsbürgerschaft zu besitzen, wenn sie diese »nicht loswerden können«, obwohl das verfassungsrechtlich verboten ist. Aber wenn diese ausländische Ansteckung anhält und man sie nicht mehr loswird, was soll's. Schließlich entscheidet immer noch der Präsident selbst, wer eine ausländische Staatsbürgerschaft haben darf und wer nicht. Und das, obwohl während der Kampagne für die Verfassungsänderung im Jahr 2020 »Verbieten wir die doppelte Staatsbürgerschaft für Beamte« der populärste Slogan war. Aber wie Wladimir Solowjow, der Anchorman des offiziellen Fernsehens, sagte, ist es nicht schlimm, dass die Behörden ihre Versprechen nicht einhalten, die Regierung ist einfach nicht in der Lage, bei der Ausarbeitung des Programms alle sich immer wieder ändernden sozioökonomischen und politischen Faktoren zu berücksichtigen – wie sollte sie auch. Übrigens sagte Wjatscheslaw Wolodin im Januar 2021, dass alle Duma-Mitglieder überprüft worden seien und niemand eine zweite Staatsbürgerschaft habe. Entweder haben sie sie sicher versteckt, oder es wurde schlecht gesucht ...

Aus der höheren Schule der Dialektik kommt dagegen diese Nachricht: Im März 2021 billigte die Duma einen Gesetzentwurf, der Beamte von der Haftung »für erzwungene Korruption« befreit, das heißt falls »unüberwindbare Umstände vorliegen, die nicht erwartet oder vermieden werden konnten oder die nicht überwunden werden können«.

Neben Naturkatastrophen stehen auch Epidemien, Terroranschläge und Militäraktionen auf der Liste der unüberwindbaren Hindernisse. Heißt das, dass es im Fall eines Tsunamis vor der japanischen Küste in Ordnung ist, Bestechungsgelder anzunehmen? Wahrscheinlich, schließlich geht es ums Überleben. Und ist es möglich, Korruption mit Kundgebungen für Nawalnyj zu rechtfertigen? Vermutlich, irgendwie muss man ihm ja auf die Schliche kommen und Korruption ist nicht gleich Korruption. Rechtfertigt die pandemische Lage den Beamten in einer möglicherweise verwerflichen Situation? Die Frage hat sich von der juristischen auf die metaphysische Ebene verlagert. Das ist es, was in letzter Zeit immer häufiger mit Gesetzen geschieht.

Im August 2021 erarbeitete »Einiges Russland« dann einen Gesetzentwurf, der »Russophobikern« die Einreise nach Russland verbietet. Diese Änderungen werden für das föderale Gesetz »Über das Verfahren der Ausreise aus der Russischen Föderation und der Einreise in die Russische Föderation« vorgeschlagen. Sie würden jenen Ausländern und Staatenlosen die Einreise nach Russland verbieten, die zu Hass und Feindseligkeit aufstacheln, Menschen aus ethnischen, »rassischen«, religiösen und sprachlichen Gründen erniedrigen, die Ehre und Würde von Veteranen des Großen Vaterländischen Krieges herabsetzen, wissentlich falsche Informationen über die Aktivitäten der UdSSR während des Großen Vaterländischen

Krieges verbreiten usw. Da der Wortlaut der russischen Gesetze in letzter Zeit so vage ist, wäre es nicht schwer, Ausländern generell die Einreise nach Russland zu verbieten. Jeder Mensch, der auch nur das geringste Verständnis für Geschichte hat und zumindest ein wenig Menschenverstand und Gerechtigkeitsgefühl besitzt, kann den Weg dorthin vergessen. Gleichzeitig hat die Regierung einen Gesetzentwurf in die Staatsduma eingebracht, der die Beschlagnahme ausländischer Pässe von Angeklagten und Verdächtigen in Strafsachen vorsieht. Also beeilt euch, Freunde, der Vorhang zieht sich langsam zu.

5. Episches Theater: Von der Verfolgung zur Verhaftung zum Prozess

... es gehört zu der Art dieses Gerichtswesens, daß man nicht nur unschuldig, sondern auch unwissend verurteilt wird.

FRANZ KAFKA, *Der Proceß*

Die sechste und die siebte Duma haben alle Anstrengungen unternommen, um sicherzustellen, dass die Verhaftung von beinahe jedem – das heißt jedem, der keine Immunität genießt – keine Schwierigkeiten bereitet. Nach wissentlich unvollständigen Angaben – es ist derzeit recht schwierig, alle Informationen über politische Gefangene in Russland zu sammeln – der Union für die Solidarität mit politischen Gefangenen befanden sich mit Stand vom April 2021:

– 80 politische Gefangene in Haft oder standen unter Hausarrest;

– wurden 321 Personen wegen der Ausübung ihres Rechts auf Religionsfreiheit ihrer Freiheit beraubt;

– wurden 403 Personen aus politischen Gründen strafrechtlich verfolgt, ohne dass sie in Untersuchungshaft genommen wurden;

– wurden 1207 Personen zwischen 2008 und 2021 von der Union der Solidarität mit den politischen Gefangenen als politische Gefangene oder politisch Verfolgte anerkannt.

Das russische Justizsystem verwaltet das Recht auf kafkaeske Weise. Der Mensch hat keine Ahnung, wofür er verurteilt werden kann. Es scheint eine besondere, höhere, absurde Stufe der Willkür erreicht und die nächsthöhere Stufe kann überraschend erklommen werden. Ganz davon abgesehen, dass kein Ende dieser Treppenleiter ins Nirgendwo abzusehen ist.

Im Jahr 2016 postete ein Bürger Semjonow auf seiner Social-Media-Seite ein Foto des Abgeordneten der Partei »Einiges Russland«, Witali Milonow. Auf dem Bild trug der Abgeordnete Milonow ein T-Shirt mit der Aufschrift »Orthodoxie oder Tod«. Der Bürger Semjonow hat das Foto kommentarlos gepostet – ein gewöhnliches Foto eines Abgeordneten von »Einiges Russland«, so gewöhnlich, wie er eben ist. Das Gericht erklärte den Slogan auf dem T-Shirt für extremistisch und verurteilte den Bürger Semjonow zu einer Geldstrafe. Semjonow veröffentlichte Informationen darüber, dass er wegen des Slogans auf dem T-Shirt des Abgeordneten Milonow zu einer Geldstrafe verurteilt worden war, und das Gericht verurteilte den Bürger Semjonow ein zweites Mal zu einer Geldstrafe. Das

Gericht erhob keine Ansprüche gegen den Abgeordneten Milonow.

Die Bürgerin Romanowa veröffentlichte auf ihrer Facebook-Seite einen Link zu einem Artikel des *Guardian* über die gleichgeschlechtliche Ehe und wurde wegen Propaganda für Homosexualität zu einer Geldstrafe verurteilt. In Russland wurden Hunderte von Fällen mit verschiedenen, ebenso absurden Begründungen angestrengt. Vor diesem Hintergrund erscheinen die Sanktionen für oppositionelle Aktivitäten sogar irgendwie logisch.

Der Bürger Jedelew aus Omsk beklagte sich in den sozialen Medien über den Mangel an Arbeitsplätzen aufgrund der großen Zahl von Migranten, insbesondere behauptete er, dass er deshalb keine Arbeit finden konnte. Das Untersuchungskomitee zeigte sich über seine Angaben besorgt und verurteilte den Bürger Jedelew wegen Aufstachelung zum Völkerhass zu 200 Stunden Zwangsarbeit, wodurch das Problem der Arbeitslosigkeit für kurze Zeit gelöst wurde.

In der Sowjetunion gab es eine beliebte Anekdote über zwei Menschen, die sich in einer Gefängniszelle unterhalten:

– Wie viel hast du bekommen?

– 25 Jahre.

– Wofür?

– Für nichts!

– Du lügst, wir bekommen zehn für nichts!

Heute kann man in Russland »für nichts« bis zu 20 Jahre ins Gefängnis kommen. Und seit einiger Zeit gibt es Überlegungen, die Todesstrafe für besonders schwere Verbrechen wieder einzuführen.

Die Absurdität und Widersprüchlichkeit der Strafen macht den Menschen ängstlich, angespannt, zweifelnd: an der Realität des Geschehens, an seinem Handeln, an sich selbst. Jede Geste kann als kriminell ausgelegt werden, jedes Wort kann das letzte Wort sein. Jedem können Drogen, Waffen oder extremistische Literatur untergeschoben werden. Jeder kann der Herstellung von Kinderpornografie oder des Terrorismus beschuldigt werden. Die einzige Logik, der die Behörden folgen, besteht darin, Präzedenzfälle zu schaffen. Und hier gilt: Je mehr, desto besser. Das Erscheinen eines neuen Gesetzes oder die Änderung bestehender Gesetze sind jeweils Auftakt für Massenverhaftungen, wobei die Schuld der Festgenommenen keine Rolle spielt. Statt der Unschuldsvermutung bürgerlichen Rechts gilt ausschließlich die Schuldvermutung. Die Polizeibeamten verfügen über einen Plan zur Aufklärung von Straftaten, der jedes Jahr auf Grundlage der Zahlen des Vorjahres erstellt wird. Es muss also eine bestimmte Anzahl von Morden, Diebstählen, Vergewaltigungen und so weiter nach Planziffern geben. Die Beamten erhalten eine Geldprämie für die Erfüllung des Plans. Bei einem Überangebot an Strafsachen sind die Beamten gezwungen, die Verfolgung der Opfer aus fadenscheinigen Gründen abzulehnen. Denn wenn mehr Straftaten als nötig aufgeklärt werden, wird der Plan für das folgende Jahr erhöht. Wenn es jedoch ein Defizit gibt, dann gelten noch immer die Worte von Andrej Wyschinski, dem Generalstaatsanwalt der UdSSR und Chefankläger der Moskauer Prozesse, der sagte: »Wir brauchen nur einen Mann, und der passende Artikel wird gefunden.« Die entsprechende These Wyschinskis, der auch Rechtstheoretiker war, hieß: »Subjektives Geständnis vor objektivem Straftatbestand«. Das russische Innenministerium erklärte 2010, 2012, 2017 und 2018, dass es das Plansystem als ineffektiv aufgegeben habe. Doch 2020 beschwerte sich die Moskauer Polizeigewerkschaft wieder über die Rückkehr des Systems. Im Jahr 2021 war die Situation unverändert. Das Plansoll besteht.

Beim Durchschnittsbürger erzeugt dieses System Angst. Auf der Straße versuche ich, Polizisten zu meiden, mich ihnen nicht unnötig zu nähern und überhaupt nichts mit ihnen zu tun zu haben.

Eines Tages wurde mein Telefon gestohlen, und

ich beschloss, zur Polizei zu gehen. Ich wollte das eigentlich nicht tun, aber der Dieb rief meine Tochter an und ließ ausrichten, er würde es mir gegen Geld zurückgeben. Aus irgendeinem Grund fühlte ich mich unwohl. Ich lebte allein, drei Kinder waren im Haus und der Dieb kannte mit Sicherheit inzwischen unsere Adresse.

Ich lief zur Polizei. Ich unterschrieb eine Erklärung an der Rezeption und übergab sie dem diensthabenden Beamten. Es war drei Uhr nachmittags und man sagte mir, ich solle warten – der Ermittler wäre noch nicht im Büro.

Um sechs Uhr wurde ich nervös. Es war Zeit, meinen Sohn vom Kindergarten abzuholen, doch ich konnte das Polizeirevier nicht verlassen, die Tür wurde vom diensthabenden Beamten mit einem Knopf geöffnet, allerdings erst, wenn man abgefertigt war. Ich bat darum, entlassen zu werden. Es hieß, ich solle warten, bis der Ermittler einträfe und meinen Fall bearbeiten würde. Ich sagte, dass ich meinen Sohn von der Kita abholen und zurückkommen würde.

Nach einigem Hin und Her wurde mir mitgeteilt, dass ich das Polizeirevier nicht verlassen dürfe, nachdem ich eine Erklärung zur Fallbearbeitung abgegeben hätte. Ich wurde hysterisch. Es gab niemanden, der meinen Sohn abholen konnte. Es war 18:30 Uhr, in einer halben Stunde würde der Kindergarten schließen.

Nach weiteren 15 Minuten hatte der Diensthabende Mitleid und sagte, ich könne gehen, der Ermittler würde mich anrufen. Ich sollte mich also bereithalten.

Der Ermittler rief nachts um halb eins an und bestellte mich auf das Revier. Ich ging hin und wartete eine Stunde. Dann wurde ich ins Büro des Ermittlers geführt. Müde und verärgert fragte er mich, warum ich das Telefon nicht für Geld zurückgenommen hätte. Ich sagte, dass ich Angst hatte, immer noch hätte. Er sah mich verständnislos an.

Ein junger Beamter rannte den Korridor hinunter: »Die Dienststelle hat angerufen. Auf der Kosmodemjanskaja ist jemand getötet worden.« Mein Ermittler fluchte. »Da müssen Sie wohl noch ein bisschen warten.« Er sah mich an, als ob ich der Schuldige wäre. Der junge Beamte rief, während er weiterrannte: »Ich finde es raus, ich finde es raus! Vielleicht müssen wir ja auch nicht hin, vielleicht ...« Der Ermittler begann, den Papierkram auszufüllen. Sehr langsam. Er hatte einen alten Computer und eine Tastatur mit abgenutzten Tasten.

– Nehmen wir an, Sie haben Ihr Telefon verloren – Sie hätten es verlieren können.

– Ja. Hätte ich.

Mich interessierte das alles nicht mehr wirklich. Nicht jetzt. Ich war müde. Todmüde. Die Kinder waren allein zu Hause, der Junge war dazu noch krank.

Die Augen des Ermittlers waren rot, es fiel ihm schwer, die Tasten, von denen die Buchstaben weggetippt waren, zu treffen, seine Finger hingen ratlos über der Tastatur. Er stöhnte und war offensichtlich auch müde. Der junge Beamte rannte zurück und erzählte lachend, wie jemand in der Kosmodemjanskaja-Straße einem Trinkkumpel den Kopf abgeschlagen habe, als der betrunken war. Aber jemand sei bereits auf dem Weg dorthin. Ein Mann, ein Kopf, Mann ohne Kopf, dachte ich, ohne zu begreifen. Geköpft ... was soll das?

– Was machen Sie beruflich?

– Journalistin.

– Und wo?

– Beim Fernsehen. Nastojastchee Vremja, beim Kulturkanal Archäologie.

Ich hatte Angst, Radio Liberty zu sagen. Obwohl den Sender nicht allzu viele Menschen kennen und das Interesse für Kulturmagazine im Fernsehen sich landesweit in Grenzen hält.

– Dann lassen Sie uns schreiben, dass Sie das Telefon verloren haben.

– Gut.

Er zögerte eine Weile.

– Sie sind Journalistin, Sie können tippen.

Und dann sitze ich also auf seinem Stuhl und tippe den Bericht über den Diebstahl meines Telefons, meinen Bericht. Zwischendurch sprechen wir über Filme, die Datscha, seine Datscha. Halb drei Uhr morgens lässt er mich gehen. An der Rezeption im Erdgeschoss sehe ich eine Frau im Morgenmantel, die von zwei Polizisten festgehalten wird. Die Polizisten reden leise, und mir wird klar, dass sie verhaftet wurde, weil sie ihre Nachbarin erstochen hat. Die Frau singt. Im Delirium. Ich gehe zum Ausgang. Der Diensthabende sagt: Auf Wiedersehen. Ich nicke und denke: Gott bewahre. Zwei Todesfälle in zwei Stunden, ist das jede Nacht so? Die Frau am Kontrollpunkt sieht mich gleichgültig an: Seien Sie vorsichtig, das ist eine kriminelle Gegend!

Es war halb drei Uhr morgens. Ich bedankte mich und ging mit sinkendem Herzen nach Hause zu meinen noch wachen Kindern. Mein Telefon wurde nie gefunden. Und ich habe mich in meinem Leben noch nie so entmachtet gefühlt wie auf dieser Polizeistation. Beinahe schuldig. Und ich war nur das Opfer, wie müssen sich erst die Verdächtigen fühlen?

Es ist noch nicht so lange her, dass die Sicherheitskräfte Terrorismus und Extremismus in Mode gebracht haben. Als Artikel 205 ist der Straftatbestand seit 2016 im Gesetzbuch verankert. Die Zahl derjenigen, die auf der Grundlage dieser Artikel inhaftiert werden, steigt von Jahr zu Jahr. Häufig werden Bürgerrechtler, politische und Umweltaktivisten des Terrorismus und Extremismus bezichtigt. In ihren Fällen fehlen in der Regel direkte Beweise und Fakten für kriminelle Handlungen, aber selbst wenn die Anschuldigungen unhaltbar erscheinen, erhalten die Angeklagten dennoch reale Strafen. Die Strafe für Ildar Dadin – drei Jahre Straflager für vier Protestaktionen – fiel höher aus als von der Staatsanwaltschaft gefordert.

Unter den zahlreichen Fällen von Anklagen gegen die Opposition muss Wjatscheslaw Malzew, ehemaliger Abgeordneter und später stellvertretender Vorsitzender der Regionalduma von Saratow und Betreiber des Videoblogs *Артподготовка / Плохие новости* (»Artillerievorbereitung / Schlechte Nachrichten« – dies war auch der Name der von ihm gegründeten nationalistischen Bewegung, die in Russland verboten ist), hervorgehoben werden. In seinen Reden seit 2013 hat er von der unvermeidlichen Revolution in Russland gesprochen und sogar ein Datum für ihren Beginn am 5. November 2017 genannt. Er forderte seine Anhänger auf, an diesem Tag auf den zentralen Plätzen der Städte zu demonstrieren, um gegen die derzeitige Regierung zu protestieren und die Macht in die Hände des Volkes zu legen. Das Ermittlungskomitee der Russischen Föderation leitete ein Strafverfahren gegen Malzew ein, weil er zum Sturz der Regierung aufgerufen hätte, die Organisation *Artpodgotowka* wurde als extremistisch eingestuft und ihre Mitglieder wurden im Herbst 2017 festgenommen. Malzew selbst ist jetzt im Ausland. Man könnte ihn getrost vergessen, wäre da nicht der Fall *Новое величие* (»Neue Größe«) gewesen.

Mehrere junge Leute folgten der *Artpodgotowka-Bewegung* und verständigten sich nach der gescheiterten Revolution vom 5. November 2017 weiterhin über verschiedene, nicht unbedingt politische Themen. Ein Strafverfolgungsagent, so glauben die Anwälte der Jugendlichen, kam in die Chatgruppe, lenkte die Kommunikation zwischen den jungen Menschen auf Politik, schrieb das Programm der entstehenden Organisation, gab ihr den Namen »Neue Größe« und organisierte für die Mitglieder Ausflüge aufs Land, um dort mit Maschinengewehren zu schießen und die Herstellung von Molotowcocktails zu üben. Zwei weitere Beamte infiltrierten später die Organisation, und am 15. März 2018 wurden zehn Mitglieder der Gruppe festgenommen. Das jüngste Mitglied war zum Zeitpunkt der Verhaftung 17, das älteste 31 Jahre alt. Sie wurden nach Artikel 282 Absatz 1 des Strafgesetzbuchs (Organisation einer extremistischen Vereinigung) angeklagt. Sieben von ihnen wurden vor Gericht gestellt. Drei von ihnen erhielten sechs bis sieben Jahre Gefängnis, vier erhielten Bewährungsstrafen zwischen vier und sechseinhalb Jahren. Der Organisator der Gruppe, ein FSB-Offizier, wurde als Zeuge vernommen, ebenso wie zwei der Infiltratoren. Die

Untersuchung ergab keine direkten Beweise für die Vorbereitung von Terroranschlägen oder für extremistische Aktivitäten. Die gerichtliche Untersuchung entwickelte sich zu einer Farce und liest sich ziemlich absurd.

RECHTSANWALT: Können Sie sich daran erinnern, was genau sie taten, was Sie für Extremismus hielten?
AGENT: Vertrieb von Materialien.
RECHTSANWALT: Welche Art von Materialien? Sie sagten, sie hätten sich mit Extremismus beschäftigt. Was verstehen Sie unter Extremismus? Was genau wurde Ihrer Meinung nach getan?
AGENT: Verteilung von extremistischem Material. Prospekte aller Art.
RECHTSANWALT: Der Inhalt der Prospekte?
AGENT: Ich habe es Ihnen gesagt! Putin ist ein Dieb. Ich weiß es nicht mehr!
RECHTSANWALT: Und was stand in diesen Prospekten?
AGENT: Sie sagten, dass Putin nicht für eine weitere Amtszeit gewählt werden sollte ...
RECHTSANWALT: Und was ist extremistisch an der Forderung, Putin nicht für eine weitere Amtszeit zu wählen?
AGENT: Nun, das müssen Sie die Experten fragen.

Und der Richter lächelt, der verhörte Beamte lächelt, und selbst der Staatsanwalt kann sich ein Lachen nicht verkneifen. Die Beweise der Staatsanwaltschaft sehen in der Tat komisch und lächerlich aus. Doch während des Prozesses schnitten sich zwei der Angeklagten aus Protest gegen die richterliche Willkür die Pulsadern auf. Einer von ihnen, Ruslan Kostylenkov, erhielt die längste Haftstrafe und wird als Anführer dieser extremistischen Gruppe bezeichnet. Abgesehen von den Prospekten und dem Programm der Organisation stützte sich die Anklage auf sein volles Schuldeingeständnis. Aber auch dieses Geständnis wurde bei den Ermittlungen unter Folter erpresst. Während seiner Inhaftierung, so Kostylenkov, wurde er geschlagen, eine Plastiktüte über seinen Kopf gestülpt, um ihn am Atmen zu hindern, und er wurde mit dem Stiel eines Fleischklopfers vergewaltigt. Anschließend nahmen die Strafverfolgungsbehörden sein Videogeständnis auf, in dem er angab, eine extremistische Organisation mit dem Ziel gegründet zu haben, die bestehende verfassungsmäßige Ordnung zu stürzen. Die Beamten, die Kostylenkov gefoltert haben, sind immer noch nicht bestraft worden. Der öffentliche Aufschrei war groß, aber weder Proteste zur Verteidigung der Angeklagten noch Petitionen oder anwaltliche Unterstützung haben geholfen.

In Moskau versuchen einige meiner Freunde schon seit Langem, am Telefon oder über Messenger nicht mehr über Politik zu sprechen. Wenn es zu einem solchen Gespräch kommt, höre ich sie fast immer sagen: nicht am Telefon. Sie diskutieren ihre politischen Ansichten leise und nur mit zuverlässigen Personen. Sie haben viel zu verlieren: Jobs, Familien, Kinder, einen Studienplatz, und in Russland ist es so einfach, ein Extremist zu werden.

Junge Menschen aus Rostow am Don waren auch Mitglieder des Chatrooms »5/11/2017-Revolution«. Sie nahmen an einer Protestaktion zur Verteidigung der Einwohner von Rostow teil, die ihr Eigentum bei einem Großbrand im Sommer 2017 verloren hatten. Sie wurden mit einem Plakat mit der Aufschrift »Gebt das Land den Brandopfern zurück« festgenommen. Für das Tragen des Plakats wurden zwei Personen zu sechs Jahren Gefängnis verurteilt, eine Person erhielt drei Jahre auf Bewährung. Unter Folter unterschrieben sie ein Geständnis, dass sie einen Staatsstreich vorbereitet hätten und die Regierung in Rostow stürzen wollten. Dank des öffentlichen Aufschreis wurden die Strafen von sechs auf vier Jahre reduziert. Menschenrechtsaktivisten halten das bereits für einen Sieg: Vier Jahre »für nichts« zu bekommen ist besser als sechs.

Es gibt Dutzende, wenn nicht Hunderte solcher Geschichten. Und in all diesen Fällen gibt es keine direkten Beweise, sondern nur Geständnisse, die unter Folter erzwungen wurden. Die höchsten Strafen wurden gegen Personen verhängt, die in den Fall der Terroristischen Vereinigung *Сеть* (»Netz«) verwickelt waren. Am 10. Februar 2020 wurden in der Stadt Pensa sieben junge Männer zu Haftstrafen zwischen 6 und 18 Jahren verurteilt. Ihnen wird vorgeworfen, eine terroristische Vereinigung mit anarchistischer Ideologie gegründet zu haben, die terroristische Anschläge verüben wollte, um die Stabilität des Landes zu gefährden. Allerdings wurde bei den Ermittlungen kein einziges Beweisstück gefunden. Der Wortlaut der Anklage ist sehr vage: »An einem nicht näher bezeichneten Ort, zu einer nicht näher bezeichneten Zeit, unter nicht näher bezeichneten Umständen, zusammen mit nicht näher bezeichneten Personen, geleitet von einer anarchistischen Ideologie, planten sie rechtswidrige Handlungen.« Die meisten der Verurteilten und einige Zeugen haben über Folterungen berichtet. Der Untersuchungsausschuss weigerte sich, ein Strafverfahren wegen Folter einzuleiten, obwohl es Anzeichen für Schläge und Elektroschocks gab. Bei einer Durchsuchung der »Terroristen« wurde in ihrem Besitz ein Buch von Karl Marx gefunden: *Das Kapital* wurde als »wertloses Mittel der Verbrechen« zerstört, das heißt verbrannt.

Wassili Kuksow, der zu neun Jahren Haft verurteilt wurde, erkrankte im Gefängnis an Tuberkulose. Nach der Verlesung des Urteils sagte er: »Das Gefängnis, so steht es im Gesetz, soll den Menschen bessern. Was gibt es noch, um mich zu bessern? Ich war Antifaschist und bin immer noch Antifaschist. Was soll aus mir werden? Ein Faschist?« Und tatsächlich kann man in neun Jahren Gefängnis vom Antifaschisten zum Extremisten werden. Es gibt nichts mehr zu verlieren.

Die jüngsten Terroristen in Russland waren die drei Teenager Nikita Uvarov, Denis Mikhailenko und Bogdan Andreev. Ihr Terrorismus bestand darin, dass sie in einem Minecraft-Spiel ein FSB-Gebäude gebaut hatten und es in die Luft jagen wollten. Im Spiel. Zum Zeitpunkt ihrer Verhaftung war der jüngste 14, der älteste 15 Jahre alt. Die Jungen wurden beschuldigt, eine Ausbildung zur Durchführung terroristischer Aktivitäten mit dem Ziel der gewaltsamen Veränderung des bestehenden Staatssystems der Russischen Föderation absolviert sowie Sprengstoff hergestellt und gelagert zu haben und Verbindungen zur terroristischen Organisation »Netz« zu unterhalten. Im Februar 2022 verurteilte ein Gericht in Kansk Nikita Uvarov zu fünf Jahren Haft, während seine Freunde wegen ihrer Kooperation bei den Ermittlungen zu Bewährungsstrafen verurteilt wurden. Begonnen hatte alles damit, dass die Schüler festgenommen wurden, als sie Flugblätter zur Unterstützung des Mathematikers, Doktoranden der Moskauer Staatsuniversität und Anarchisten Azat Miftakhov klebten. Die Polizei beschlagnahmte ihre Telefone, untersuchte die Korrespondenz und fand dort eine Geschichte über einen terroristischen Anschlag in Minecraft. Der Rest war eine Frage der Technik. Übrigens, Miftakhov wurde im Februar 2019 wegen seiner Beteiligung an der Herstellung eines improvisierten Sprengsatzes und dem anschließenden Angriff auf das Büro von »Einiges Russland« in Moskau in der Onezschskaja-Straße verhaftet. Miftakhov wurde nach seiner Verhaftung verprügelt. Er bekannte sich nicht schuldig und schnitt sich in der Zelle die Pulsadern auf, überlebte jedoch. Er wurde zu sechs Jahren Haft in einer Strafkolonie verurteilt. Die Aussage eines geheimen Zeugen Petrov, der Miftakhov an seinen ausdrucksstarken Augenbrauen erkannt haben will, wurde als Beweismittel verwendet. Alle an dem Anschlag beteiligten Personen bestätigten, dass Azat nicht bei ihnen war, dennoch erhielt er die längste Strafe. Viele Wissenschaftler aus aller Welt, darunter der Linguist Noam Chomsky, setzten sich für den jungen Mathematiker ein. In den Jahren 2020 und 2021 wurden Dutzende Jugendliche wegen Terrorismus verurteilt.

Das Schlimmste ist, dass keiner der Verurteilten seine Unschuld beweisen kann. Das Gericht betrachtet solche Fälle nicht vom Standpunkt des Gesetzes aus, selbst wenn Menschenrechtsaktivisten und die wenigen noch unabhängigen Medien maximale Aufmerksamkeit darauf ziehen. Die Sicherheitskräfte wollen Musterprozesse veranstalten, auch wenn sie sich kaum Mühe mit der Beweislage geben. Die Zahl der Fälle von Terrorismus und Extremismus steigt, und immer mehr Unschuldige werden sich unter Folter schuldig bekennen. So wie es vor 80, 90 Jahren trotzkistische Prozesse gegeben hat, wird es jetzt nawalnistische Prozesse geben. Die von Alexej Nawalnyj gegründete Anti-Korruptions-Stiftung wurde ebenso wie die Bewegung »Stäbe Nawalnyjs« als extremistisch eingestuft. Die Polizei geht bereits von Tür zu Tür durch die Häuser der Demonstranten vom Beginn des Jahres 2021. Die von Nawalnyjs Anhängern aufgebaute und vom FSB konfiszierte Datenbank ermöglicht es nun, jede dieser Personen der Unterstützung einer extremistischen Organisation zu beschuldigen. Es ist möglich, dass auch unabhängige Menschenrechtsverteidiger und Medien wegen Unterstützung von Extremismus und terroristischer Propaganda strafrechtlich verfolgt werden, wenn sie beginnen, Materialien zur Verteidigung der Inhaftierten zu veröffentlichen. Es ist die gleiche Geschichte wie bei den Volksfeinden in der stalinistischen Ära.

In den letzten zwanzig Jahren lebte in Russland eine weitere sowjetische Tradition wieder auf – Dutzende Wissenschaftler wurden landesweit strafrechtlich verfolgt und verhaftet. Zumeist wurden sie des Staatsverrats, der Spionage und des illegalen Zugangs zu Staatsgeheimnissen beschuldigt. Heutzutage ist es einfach, ein Spion zu werden; es reicht aus, ins Ausland zu reisen, ein Stipendium zu erhalten und einem ausländischen Staat »finanzielle, logistische, beratende oder sonstige Hilfe zu leisten«. Der Begriff »sonstige Hilfe« kann alles Mögliche bedeuten. Und der FSB greift vor allem diejenigen an, die über umfangreiche internationale Verbindungen und Kontakte verfügen. Mit anderen Worten: Es ist genau wie in der Sowjetunion. Und von fast allen Gerichtsverfahren gegen Wissenschaftler ist die Öffentlichkeit ausgeschlossen. Wer trotzdem teilnehmen darf, wird aufgefordert, eine Geheimhaltungsverpflichtung zu unterzeichnen, sodass solche Gerichtsverhandlungen im Allgemeinen reine Formalität sind. Externe Beobachter haben keine Möglichkeit, Rückschlüsse auf die Schuld oder Unschuld des Angeklagten zu ziehen. Und wenn sie sie ziehen, dann ausschließlich für sich.

Im Jahr 2019 wurden 11 Personen wegen Hochverrats und Spionage verurteilt, im Jahr 2020 sieben. Wie absurd diese Fälle sind, zeigen einige Beispiele: Im Winter 2020 wurde Alexei Temirev, ein Wissenschaftler und Erfinder aus Nowotscherkassk, zu siebeneinhalb Jahren Haft verurteilt. Ihm wurde vorgeworfen, geheime Informationen über Laborausrüstungen nach Vietnam weitergegeben zu haben. Temirevs Kollegen und Anwälte haben wiederholt erklärt, dass alle Informationen über die betreffenden Gerätschaften in jeder Bibliothek vorhanden sind. Im Herbst 2020 wurde Aleksandr Lukanin, ein Ingenieur und Erfinder, verhaftet. Er wurde verdächtigt, geheime Daten an China weitergegeben zu haben, wo er nach seiner Pensionierung lehrte. Lukanins Kollegen und Freunde sagen, er habe nie Zugang zu Staatsgeheimnissen gehabt. Er könnte 12 bis 20 Jahre ins Gefängnis kommen. Iwan Safronow, ein Berater des Chefs von Roskosmos, der Weltraumorganisation der Russischen Föderation, und ehemaliger Journalist, der im Sommer 2020 wegen Hochverrats verhaftet wurde, kann immer noch nicht verstehen, was ihm vorgeworfen wird, da der Fall »streng geheim« ist. Iwan Pawlow, Safronows Anwalt, wurde gezwungen, Russland zu verlassen, weil er beschuldigt wurde, Ermittlungsgeheimnisse zu verraten. Tatsächlich wollte der Anwalt herausfinden, was seinem Klienten vorgeworfen wurde, und sprach mit dem Angeklagten darüber. Wladimir Putin kommentierte den Fall Roskosmos auf seine Weise: Eine Person, die öffentlich zugängliche Informationen nutzt, kann nicht wegen Diebstahls und Weitergabe strafrechtlich verfolgt werden. Zugleich nannte er »Staatsverräter« Verräter am eigenen Volk, und Verräter sollten streng bestraft werden. Das heißt, die Betreffenden scheinen als Volksfeinde nicht unbedingt schuldig zu sein, aber sie müssen bestraft werden. Weil Russland Feinde braucht, wirkliche Feinde, vor allem Verräter. Denn wenn jemand für die Geheimnisse einer Großmacht bezahlt, bedeutet das umgekehrt, dass diese Geheimnisse existieren und auch etwas wert sind. Je unbekannter der Wert, desto unermesslicher. Wenn es Terroristen gibt, die aus dem Ausland finanziert werden, bedeutet das, dass das Land so stark ist, dass die Feinde es von innen heraus zerstören wollen. Und nichts kann Russland mehr brauchen als Stärke. Wissenschaftler und Intellektuelle fliehen zu Zehntausenden aus dem Land, weil sie keine Perspektive haben, keine Finanzierung erhalten und befürchten, zu Volksfeinden zu werden.

Doch so ähnlich die modernen Prozesse den sowjetischen Prozessen auch inhaltlich sind, so sehr unterscheiden sie sich in der Form. Während der Sowjetzeit haben die Gerichte viele Ereignisse politisch und ideologisch bewertet. Sie haben sich ihre Legitimität erschlichen. Wie der Führer der Weltrevolution, Wladimir Lenin, lehrte: »Die Gerichte dürfen den Terror nicht beseitigen ... sondern müssen ihn rechtfertigen und legitimieren.« Öffentliche Gerichtsverhandlungen haben schon immer ein Publikum angezogen und waren ein wichtiges Mittel der sozialen Bildung für die Massen. Eine der ersten Entscheidungen der sowjetischen Behörden im Jahr 1917 war die Abschaffung der Anwaltschaft. Fünf Jahre später wurde sie wiederbelebt, allerdings in stark verkürzter Version und unter strenger öffentlicher, staatlicher und parteilicher Kontrolle. In den Zwanzigerjahren wurden Gerichtsverhandlungen in Theatern, Kabaretts und Kulturzentren zu einem beliebten Gegenstand der Künste. Und die wirklichen Prozesse fanden auf denselben Bühnen statt. Es war schwierig, zwischen Vorstellung und Realität zu unterscheiden.

Der Philosoph und Kulturkritiker Walter Benjamin beschreibt in seinem *Moskauer Tagebuch* (1926/27) unter anderem die Gerichtsverhandlung gegen eine Bäuerin, durch deren Verschulden eine Frau in den Wehen starb. Sie fand im »Krestanski«, dem Bauernklub im Moskauer Zentrum statt:

> Wir traten in einen rot ausgeschlagenen Saal, in dem gegen dreihundert Menschen Platz hatten. Er war dicht gefüllt, viele standen. In einer Nische eine Lenin-Büste. Die Verhandlung fand auf der Estrade der Bühne statt, die rechts und links von gemalten Proletarierfiguren, einem Bauern und

> einem Industriearbeiter, eingerahmt wurde. Am oberen Bühnenrahmen die Sowjetembleme. Die Beweisaufnahme war schon beendet, als wir kamen, ein Sachverständiger hatte das Wort. Er saß mit seinem Kollegen an einem Tischchen, ihm gegenüber der Tisch des Verteidigers, beide die Schmalseite zur Bühne gewandt. Der Tisch des Richterkollegiums stand frontal zum Publikum, vor ihm saß in schwarzer Kleidung auf einem Stuhle, einen dicken Stock in Händen, die Angeklagte, Bäuerin. Alle Mitwirkenden waren gut gekleidet.

Es ist nicht auf Anhieb zu erkennen, ob es sich um eine Theaterinszenierung oder einen echten Prozess handelt, ob die Verurteilte erschossen oder mit Requisitenblut bespritzt werden sollte, doch am Ende verbeugt sie sich und wartet auf Beifall. Der sowjetischen Bevölkerung wurden streng nach der Propaganda des Bolschewismus Rollen zugewiesen und die Spielsituation kam der Realität sehr nahe. In den Schauprozessen überlagerten sie sich. Karnevalisierung, Kostümierung und Ritualismus wurden zu wichtigen Mechanismen, um das öffentliche Bewusstsein zu manipulieren. Nie war eindeutig klar, wer Regie führte. Jeder Zuschauer riskierte, im Lauf der Aufführung auf der Anklagebank zu landen. Echtes episches Theater in der Handlung wie in der Form. Und die Inszenierung lief von Beginn an. Sie war nicht einmal zynisch. Sie entstand aus der Begegnung künstlerischer Avantgarde mit der politischen, die beide auf das Proletariat als revolutionärer Klasse setzten.

»Der Prozess ist das beliebteste Spektakel und die lukrativste Form der Bildung für die Massen. Für die einen ist es eine Schule, für die anderen eine Generalprobe. Die Massen warten auf die Gerichte«, schrieb die Zeitschrift *Жизнь искусства* (Kunstleben) im Jahr 1924. Und die Massen warteten, sie wurden vorbereitet durch das Spektakel der theatralischen Prozesse, die zugleich Drohkulisse und Lehrstück waren, je absurder Anklagen und Schuldeingeständnisse waren, desto bedrohlicher. Die auf die absolute Macht verweisende Willkür wurde kaum verhehlt – im Gegenteil. Zahllose erfundene Fälle, die auf Selbstbeschuldigung beruhen, mündeten im »Strafhöchstmaß«, Hinrichtung wegen trotzkistischer, das heißt konterrevolutionärer Aktivitäten und Sabotage. All dies trug dazu bei, interne wirtschaftliche und soziale Probleme den Feinden des Volkes zuzuschreiben. Das Publikum in den Gerichtssälen, die Arbeiter auf den zahlreichen Kundgebungen und Versammlungen in den Betrieben, den Kolchosen, auf Straßen und Plätzen, jubelten. Die revolutionäre Gerechtigkeit hatte gesiegt, die Feinde des Volkes hatten bekommen, was sie verdienten!

Witali Dmitriewski schreibt in seinem Aufsatz »Theater und Gericht im Raum des totalitären Systems«, dass »Einladungen zur Exekution« unter den besten Arbeiterkollektiven und Militäreinheiten, zu Gerichtssitzungen im Bolschoi-Theater und in den Sälen des Hauses der Gewerkschaften verteilt wurden.

Diese Einladungen galten als Belohnung für Spitzenkräfte, adlige Arbeiter, pflichtbewusste Beamte und prominente Mitglieder der kreativen und wissenschaftlichen Intelligenz. Zahlreiche Prozesse gegen Saboteure, Spione und Volksfeinde wurden in Fabrikhallen und Werkstätten, in Theater, Konzert- und Sporthallen der neuen Riesenpaläste, der Kultur- und Vereinshäuser verlegt und mit Aufführungen von professionellen Theatern und Amateurtruppen zum Thema »Saboteure« vermischt.

Auf diese Weise konnte sich die Öffentlichkeit an diesen Prozessen beteiligt fühlen und es wurde der Anschein einer Klasseneinheit geschaffen. Diese Einheit kam dem nahe, was Boris Groys Gesamtkunstwerk nennt – »Gesamtkunstwerk Stalin«: In Stalins Sowjetunion meinte das die Einheit von Kunst, Leben, Politik. Eine lebensfeindliche Abstraktion.

Heute kann dieser Mechanismus nicht mehr mit der gleichen Effizienz funktionieren. Erstens haben die zahlreichen sowjetischen Schauprozesse und ihre anschließende Aufdeckung gezeigt, wie der Staatsapparat gegen Andersdenkende vorgeht. Niemand glaubt mehr an die Integrität solcher Verfahren. Zweitens kümmert sich das heutige russische Gericht selbst nicht so sehr um die Glaubwürdigkeit der Anklage oder den Nachweis der Schuld und kennt auch keine Unschuldsvermutung. Der Terror hat sich in die Sphäre der Bedrohung, ins Ungefähre verlagert. Der Prozess folgt einem gemeinsamen, bedingten Schema:

DER ANGEKLAGTE: Ich war zu diesem Zeitpunkt nicht auf der Kundgebung, der Protestaktion, der Demonstration (Zutreffendes hinzufügen). Ich war zu Hause in der Küche: Hier ist der Standort meines Telefons zu dieser Zeit, hier sind die Aussagen der Nachbarn, des Hausmeisters, meiner Frau und meiner Katze.

RICHTER: Das ist alles gut, aber hier ist ein Foto des Tatorts – Sie sehen einen Mann in einer schwarzen Jacke und Mütze, und Sie hatten eine schwarze Jacke und Mütze und Handschuhe, was an sich schon verdächtig ist.

ANGEKLAGTER: Die halbe Stadt trägt schwarze Jacken und Mützen!

RICHTER: Wir werden uns noch mit ihnen befassen.

STAATSANWALT: Im Übrigen hat er sich auch der Verhaftung widersetzt.

ANGEKLAGTER: Ich habe um Einsicht in den Durchsuchungsbefehl gebeten.
RICHTER: Na also, sehen Sie!? Schuldig!

Nawalnyjs Gerichtsverfahren verliefen nach einem ähnlichen Prinzip. »Warum haben Sie sich nicht bei der Strafvollzugsbehörde gemeldet?« – »Ich lag im Koma.« – »Das ist kein ausreichender Grund.«

Das Gericht selbst ist heute ein Anhängsel der Sicherheitsdienste, und natürlich wird es niemals Entscheidungen treffen, die den Interessen des Föderalen Sicherheitsdienstes zuwiderlaufen. Deshalb gibt es so harte Urteile und Entscheidungen, die der Logik und dem Gesetz widersprechen. Das System braucht kein unabhängiges Gericht, es wäre ineffektiv. Und das Publikum wird nicht in den Prozess einbezogen, es ruft nicht mehr »Bravo« und »Zugabe« oder »Tod den Volksfeinden«, es versammelt sich nicht zur Unterstützung der Gerichtsentscheidung, sondern dagegen. Der Protest wird Teil des Gerichtsverfahrens, er vervielfältigt sich ins Unendliche: Herr A wurde verhaftet, weil er für Herrn B protestierte, der wiederum verhaftet wurde, weil er für Herrn C protestierte, der für Frau D Partei ergriffen hatte ... Diese Kette kann sich endlos fortsetzen, und es ist nicht mehr klar, was genau der Grund dafür ist, dass ein Mensch in einer Zelle sitzt, ob er schuldig ist oder nicht, weil der Begriff

»Schuld« selbst zerstört wurde. Der Prozess ist nicht einmal mehr ein Tribut an die Tradition, sondern eine erzwungene Notwendigkeit. Es wäre einfacher ohne diese jämmerliche Show, aber der Rahmen des Spiels der Zivilgesellschaft erlaubt es noch nicht.

Ich weiß nicht, wie genau diese Informationen sind, aber Alexej Sokolow, ein Experte der Stiftung für die Verteidigung der Rechte von Gefangenen, sagte bereits 2015, dass etwa 25 bis 30 Prozent der Menschen in russischen Gefängnissen unschuldig sind und etwa 80 Prozent Strafen verbüßen, die nicht in angemessenem Verhältnis zu ihrem Verbrechen stehen. Wenn ich mir die Prozesse der letzten Jahre anschaue, bin ich geneigt, das zu glauben. Russland ist in Europa führend in Bezug auf die Zahl der Gefangenen, den Etat für Haftanstalten sowie für die Zahl der Todesfälle in Gefängnissen.

Trotz des größten Budgets für Gefangene gibt Russland von allen europäischen Ländern am wenigsten für sie aus. In Schweden beispielsweise kostet ein Häftlingstag 380 Euro, in Russland dagegen 2,50 Euro. Die Sterblichkeitsrate in russischen Gefängnissen ist doppelt so hoch wie in Europa, und jeder zehnte Fall ist ein Selbstmord. Auf 44 Berichte über Gewalt durch Angestellte von Haftanstalten oder Untersuchungsgefängnissen kommt nur ein einziges Strafverfahren, in einigen Regionen sogar noch weniger. Für nachgewiesene Folter und Schläge erhält das Gefängnispersonal oft geringe oder zur Bewährung ausgesetzte Strafen. Unter anderem wird die Strafmedizin wieder zu einem Instrument gegen überaktive Bürger. 2018 verabschiedete die Staatsduma Änderungen der Verwaltungsprozessordnung, wonach nicht nur der Leiter einer medizinischen Einrichtung, sondern auch der Staatsanwalt eine Person in eine Zwangsbehandlung schicken kann. Allein in St. Petersburg wurden im Jahr 2018 221 Menschen per Gerichtsbeschluss in psychiatrischen Kliniken untergebracht. Der in der Sowjetunion übliche Missbrauch der Psychiatrie für politische Zwecke der Herrschaft und Unterdrückung ist zurück.

Während der Strafvollzug in den 1990er-Jahren in gewisser Weise nach Offenheit strebte, war die Regierung mit dem Anstieg der Öl- und Gaspreise nicht mehr am Wohl der Bürger und der Entwicklung der Wirtschaft interessiert. All dies hat die russischen Gefängnisse wieder in einen Gulag verwandelt. Im Jahr 2018 veröffentlichte die *Nowaja Gaseta* auf ihrer Website ein Video von Folterungen in einer Kolonie in Jaroslawl, das vom Aufnahmegerät eines der an den Schlägen Beteiligten stammt. Es ist nicht das erste Mal, dass Zeugnisse für Schläge, Vergewaltigungen und Mobbing im Netz auftauchen, aber dieser besondere Fall hat sich als sehr aufsehenerregend herausgestellt, weil er öffentlich gemacht werden konnte. Elf derjenigen, die an den Schlägen beteiligt waren, wurden zu Mindeststrafen zwischen Bewährung und vier Jahren verurteilt, obwohl mehrere Gefangene nach den Schlägen starben. Die Zahl der Beschwerden nimmt nicht von Jahr zu Jahr ab, und es gibt immer mehr Hinweise auf Folter bei der Polizei. Denn der Plan muss erfüllt werden, alte Verbrechen müssen aufgeklärt werden, irgendwie, und wenn es keine Beweise gibt, dann werden Geständnisse unter Folter erzwungen.

Es ist unmöglich, dieses System zu bekämpfen: Weder Zeugen noch die besten Anwälte noch eine breite Öffentlichkeit noch Unterschriften zur Unterstützung der Gefangenen noch zerschnittene Pulsadern – nichts kann diese Situation ändern. Sie ist schrecklich, sie ist absurd, sie ist unbesiegbar. So scheint es.

6. Opposition ohne Position

Die Dummheit der russischen Opposition ist zu meinem größten Bedauern direkt proportional zur Niedertracht der russischen Regierung.

MICHAIL VELLER in »Sonntagabend«, TV-Journal mit Vladimir Solovyov

Im März 1990 fand in Moskau der dritte Kongress der Volksdeputierten der UdSSR statt. Er führte die Präsidentschaft, ein Wahlsystem und ein Mehrparteiensystem ein. Bereits 1991 und 1993 entstanden verschiedene Parteien, die unter Jelzins Herrschaft politische Stärke erlangten. Außerdem begann sich professionelle Werbung zu entwickeln, erste politische Videos und Ankündigungen für den öffentlichen Dienst wurden produziert. Es war eine seltsame Zeit, in der eine Partei der Bierliebhaber und die Astrologin Juna, die sich zur Königin des assyrischen Volkes ausgerufen hatte, zu den zweiten Parlamentswahlen antraten; es gab sogar eine imperialistische Partei, die sich »Das Geschäft Peters des Großen« nannte. Es gab Flugblätter mit Wahlgedichten und Politiker, die live auf Sendung Liedchen zum Besten gaben. Es war ein Straßenzirkus, bunt und vielfältig, der vor allem Freiheit versprach, selbst im Irrsinn. Ich erinnere mich gut an diese Zeit, an die Fernsehansprachen und die Plakate auf den Straßen – ein Haufen bunter Papiere in der grauen, verarmten Stadt, in der ich aufwuchs. Aus irgendeinem Grund waren es Jawlinski mit seiner Angewohnheit, den Kopf leicht schräg zu halten, und die kurzen Spots der Vereinigten Demokratischen Partei Russlands »Jabloko«, die wie kleine Geschichten aufgebaut waren, die sich am besten einprägten. Es ist heute kaum vorstellbar, aber in der zweiten Duma (1996–2000) gab es 23 Parteien und 77 unabhängige Kandidaten, und in der dritten Duma waren es noch 14 Parteien und 107 unabhängige Kandidaten. Die Kommunisten hatten die Spitzenpositionen inne. Und die meisten unserer Bekannten diskutierten ernsthaft über Politik; sie kannten alle Kandidaten, verglichen Programme und glaubten aufrichtig daran, dass es sich um echte Wahlen handelt und jede Stimme zählt. Es war alles sehr naiv, genau wie die Wahlvideos, aber aufrichtig und suchend.

Als Wladimir Putin 1999/2000 an die Macht kam, waren die drei stärksten Parteien die Kommunistische Partei der Russischen Föderation (KPRF), die gesamtrussische konservative politische Bewegung unter Vorsitz von Sergej Schoigu »Edinstvo« (Einheit) und ein Wahlblock unter Vorsitz des Moskauer Bürgermeisters Juri Luschkow »Otechestvo – vsja Rossia« (Vaterland – Ganz Russland). Die beiden letztgenannten Parteien wurden 2001 bis 2002 unter dem gemeinsamen Namen »Einiges Russland« zu einer einzigen Partei zusammengeführt. Ab 2003 wurde de facto ein Einparteienregime errichtet. Bereits in der Staatsduma der vierten Einberufung belief sich die Zahl der Abgeordneten dieser Fraktion auf 300 Personen, so viele Stimmen sind für die Verabschiedung von Bundesverfassungsgesetzen erforderlich. Dieser Duma gehörten auch Vertreter der Kommunistischen Partei der Russischen Föderation, der Liberaldemokratischen Partei, der Sozialistischen Partei sowie Vertreter der Partei Gerechtes Russland und eine Reihe parteiloser Abgeordneter an. In der fünften Duma hat »Einiges Russland« erneut eine verfassungsmäßige Mehrheit gebildet. Mit anderen Worten: Es hat sich keine systemische Opposition im Parlament gebildet. Und es ist wahrscheinlich, dass sie in naher Zukunft nicht gebildet werden wird. Oppositionskandidaten werden einfach nicht registriert, sodass »Einiges Russland« eine Monopolstellung hat.

Die selbstverständliche Reaktion auf die Situation im russischen Parlament war die Bildung einer sogenannten Nicht-System-Opposition seit 2003. Ihre Vertreter versuchten mehrmals, sich zu vereinigen, beispielsweise im Rahmen des außerparlamentarischen Oppositionsbündnisses »Drugaja Rossia«, zu der der Schriftsteller und Publizist Eduard Limonow, der Schachspieler Garri Kasparow, Lew Ponomarjow – der Führer der Bewegung »Za prava cheloveka«, der einzigen fast ausschließlich von den USA finanzierten Menschenrechtsorganisation in Russland, die schließlich 2019 aufgelöst wurde – und der ehemalige Ministerpräsident der Russischen Föderation (2000–2004) Michail Kasjanow gehörten. Diese politische Vereinigung zerfiel aufgrund zahlreicher Unstimmigkeiten unter ihren Mitgliedern. Anfang der 1990er-Jahre wurde die Mitte-Rechts-Partei PARNAS (»Volksfreiheit«) gegründet. Ihr Vorsitzender ist heute Michail Kasjanow, der zuvor gemeinsam mit Boris Nemzow und Wladimir Ryschkow den Vorsitz innehatte. Die Partei kämpft für faire Wahlen, Menschenrechte und Freiheiten sowie gegen Korruption – wogegen sonst. Vertreter der Partei waren zuletzt in der dritten Duma 2000 im russischen Parlament vertreten. Ihre Versuche, an den Dumawahlen 2021 teilzunehmen, scheiterten. Das Justizministerium gab technische Aspekte als Grund für die Aussetzung der staatlichen Registrierung der Partei an. Gleichzeitig gab es bekannt, dass die staatliche Registrierung der Partei für drei Monate – bis einschließlich 2. September 2021 – ausgesetzt worden sei. Eine weitere nicht-systemische

Opposition ist die sozialistische Bewegung Linke Front. Die Partei wird von einem 20-köpfigen Exekutivausschuss geleitet. Sie initiiert und beteiligt sich an Kundgebungen und Protesten. Einer der Organisatoren der Partei, Sergej Udalzow, wurde mehr als einhundertmal wegen seiner Teilnahme an Kundgebungen verhaftet. Er verbrachte viereinhalb Jahre im Gefängnis und wurde 2017 entlassen. Das Menschenrechtszentrum Memorial hat ihm den Status eines politischen Gefangenen zuerkannt.

Im Jahr 2012 war fast die gesamte Opposition bei den Kundgebungen versammelt. Zu den Unterstützern der Proteste gehörten Udalzow, Nawalnyj, Mitglieder von Drugaja Rossia, den Strömungen der Russischen Sozialistischen Bewegung, die nationalkonservative Russische Volksunion, Jabloko, PARNAS und das Bürgerbündnis für Demokratie, Menschenrechte und Rechtsstaatlichkeit Solidaritet. Die Kundgebungen wurden von der Kommunistischen Partei und von Gerechtes Russland unterstützt. Die Beteiligung an den Protesten war hoch. Nach zahlreichen Verhaftungen und Strafverfolgungen ging die Teilnahme jedoch zurück. Die Opposition war auch in der Frage der Annexion der Krim gespalten. »Die Krim wird Teil Russlands bleiben und in absehbarer Zeit nie wieder Teil der Ukraine sein«, meinte Nawalnyj im Oktober 2014, und er fügte hinzu: »Ist die Krim etwa ein Wurstbrot, das man einfach von hier nach da zurückschieben kann?« Das klingt ein bisschen nach Chruschtschow, und die kritischen Kommentare von Boris Nemzow, Grigori Jawlinski, Garri Kasparow und anderen waren vernichtend. Der letzte Versuch, eine Oppositionskoalition zu bilden, wurde im Frühjahr 2015 unternommen. Ihr gehörten Vertreter der PARNAS, der Fortschrittspartei, der Demokratischen Wahl, der Bürgerplattform, der Libertären Partei und der Partei des 5. Dezember an, aber die Koalition zerbrach im Sommer 2016 aufgrund von Meinungsverschiedenheiten über die Wahllisten und Vorwahlen.

Tatsächlich kann sich die Opposition in Russland nicht nur wegen der schwierigen politischen Lage nicht zusammenschließen, sondern auch, weil jede Partei nur ihre eigenen Vorteile und Interessen verfolgt.

Oft hat jede Oppositionspartei nur ihre eigene Agenda und kämpft ausschließlich für ihren eigenen Kandidaten. Die meisten Wähler würden keinen Kandidaten einer anderen Partei wählen und ihm im Fall einer Vereinigung auch nicht den Weg zur Macht ebnen. Auch die potenzielle Macht ist sakrosankt. Solange die Opposition um die Macht und nicht gegen die Macht kämpft, ist ihre Einigung unmöglich. Der Historiker, Journalist und politische Aktivist

Daniel Kotsyubinsky ist generell der Meinung, dass eine ernstzunehmende Opposition seit 2007 nicht mehr existiert, und dass die Kundgebungen der Jahre 2011 und 2012 mehr oder weniger vom Kreml kontrolliert wurden. Er glaubt, dass Nawalnyj eine Marionettenfigur ist und dazu benutzt wird, die Energie der Opposition abzuschöpfen, da er kein wirksames politisches Programm, keine Alternativen und keinen klaren Plan hat. Kotsyubinsky verweist auf die allgemein bekannte Tatsache, dass Nawalnyj von Stanislaw Belkowski und Vertretern des internationalen Finanz- und Investitionskonsortiums Alfa-Gruppe finanziert wurde, zu dem die Oligarchen Michail Fridman und Petr Aven gehören.

Natürlich sind politische Spiele meist schmutzig, besonders wenn es sich um russische politische Spiele handelt. Hier kann man mit jeder Art von Trick rechnen, weshalb man heute wahrscheinlich so oft von Provokateuren spricht. Nawalnyj selbst wird manchmal mit Evno Azef verglichen, dem größten Provokateur des letzten Jahrhunderts. Azef stand ab 1903 an der Spitze aktiver Demonstranten und führte sogar die Sozialistische Revolutionsbewegung an, obwohl er zugleich als Geheimagent für die Regierung arbeitete. In unserer heutigen Meta-Post-Welt kann man sich in nichts mehr sicher sein.

Außerdem gibt es mögliche Gründe für derartige Gerüchte um Nawalnyj. Im Jahr 2004 breitete der Oligarch Boris Beresowski in einem Gespräch mit dem Journalisten Wladimir Solowjow einen interessanten Plan aus:

> Stellen Sie sich vor, der »sakrale Kandidat« fängt an, Putin zu entlarven. Dann plötzlich verschwindet der Kandidat und Whistleblower. Die Lage spitzt sich zu, die Nation wird nervös. Eine globale PR-Kampagne beginnt: »Putin schaltet seine politischen Rivalen aus!« Dann wird – wie in einem Horrorfilm – eine Leiche gefunden. Ohne Übertreibung ist der ganze Planet in Aufregung: Ist er es oder nicht? Und es stellt sich heraus: Er ist es. Ein Skandal von noch nie dagewesener Tragweite. Putin wird niemals damit durchkommen, selbst wenn er den »Opferkandidaten« nie gesehen hat. Vor allem, wenn eine Woche vor dem Wahltag ein Videoband auftaucht, auf dem sein noch lebender Gegner eine weitere Ladung »Wahrheit« ausspuckt.

Das war 2004. Die Bänder waren noch im Umlauf, Putins Popularität war auf dem Höhepunkt, und Nawalnyj machte die ersten Schritte in seiner politischen Karriere. In einem Land, in dem alles eine Lüge ist, ist es schwierig, die Wahrheit zu finden, und jeder hat vergessen, wie die Wahrheit aussieht. Und wie die Wahrheit in der Politik aussieht, hat leider noch nie jemand gewusst.

Der Gedanke an ein heiliges Opfer muss die Mitglieder der Regierung gequält und wachgehalten haben. Er war ebenso fesselnd wie die Idee der vom Westen organisierten Farbrevolutionen. »Gott, Gott«, riefen sie, »was wird mit Russland geschehen, wenn wir es den Feinden aus der Opposition überlassen!« Putin selbst erklärte während der Bolotnaja-Proteste: »Ich kenne diese Methodik. Diejenigen, die im Ausland sitzen, versuchen seit 10 Jahren, sie anzuwenden. Sie suchen sich sogar sogenannte sakrale Opfer unter Prominenten. Sie werden es selbst tun und dann den Behörden die Schuld geben.« Und Wladislaw Surkow, der Präsidentenberater, ehemalige Vize-Ministerpräsident und »dritte Mann im Staat«, äußerte in einem seiner Interviews die Vermutung, dass die Demonstranten die Techniken des amerikanischen Politikwissenschaftlers Gene Sharp übernommen hätten. Surkow bezog sich dabei auf dessen Dissertation *The Politics of Nonviolent Action* (Gewaltfreie Methoden zum Sturz von Regimen, 1964). Immer noch ist die Rede von ausländischen Anweisungen. Die Propaganda macht sich diese Idee bei jeder weiteren Protestbewegung zunutze und lässt von den offiziellen Fernsehkanälen verbreiten, dass alle Proteste vom Westen bezahlt werden und dass die Feinde des Volkes überall sind. Sowieso, schon wieder und immer noch. Eine bequeme Technik, um Protestbewegungen zu diskreditieren und die Arbeit von öffentlichen Organisationen, Medien und Einzelpersonen, die ausländische Finanzierung erhalten, einzuschränken oder zu verbieten. Das Problem ist jedoch, dass die von Sharp beschriebenen Methoden des Kampfes in totalitären Staaten nicht funktionieren. Die Behörden werden friedliche Proteste einfach mit Gewalt niederschlagen. Und selbst ein »sakrales Opfer« würde nicht helfen.

Im Allgemeinen ist das Phänomen des revolutionären Märtyrertums in der Neuzeit ein Mittel, um für eine neue Realität zu kämpfen. Eine der Hymnen der Französischen Revolution besagt, dass das Blut der Franzosen die Grundlage für eine neue Republik bilden und der Welt die Freiheit bringen wird. Es gab den Märtyrer Abraham Lincoln, den irischen Revolutionär Wolfe Tone und Emily Davison. Es gab Emma Goldman, Karl Liebknecht und Rosa Luxemburg, Antonio Gramsci. Und viele, die die Welt aus ihrem eigenen oder dem Fleisch und Blut eines anderen geschaffen haben, waren in jedem revolutionären Kampf dabei. Töte den Feind und erschaffe daraus eine neue Realität. Stirb selbst und die neue Realität selbst wird aus den Märtyrern des Kampfes erwachsen. Doch weder Nawalnyj noch die ermordeten Boris Nemzow und Anna Politkowskaja waren Märtyrer der Revolution. Vielleicht liegt es daran, dass die Ideologie der Opposition selbst nicht gereift ist. Opfer werden nicht grundlos gebracht, sie müssen auf einem gepflügten ideologischen Feld gebracht werden, sonst kann eine neue Realität nicht entstehen. Und was Nawalnyj betrifft, so fragen sich viele, ob er wirklich ein Opfer ist oder nicht. Die Leute von Amnesty International erklärten ihn zunächst zum »gewaltlosen politischen Gefangenen«, dann änderten sie ihre Meinung, dann änderten sie sie wieder, und er behielt den Preis – symbolisch. Er wird ihn irgendwann in Händen halten, falls er Putin überlebt. Bisher hat die Sakralisierung nur zu einer Farce geführt, zu mehr nicht. Und der nächste Prozess gegen den Inhaftierten rollt an ... An Anklagen ist für mehrere Leben kein Mangel.

Der Versuch, eine Oppositionsbewegung aufzubauen, findet vor dem Hintergrund eines Personenkults statt, was vielleicht der Grund dafür ist, dass selbst der Kampf der Opposition in Russland heute so personalisiert ist. Es handelt sich nicht um einen Kampf unterschiedlicher politischer Ideen, nicht um einen Konflikt zwischen verschiedenen Systemen, sondern um einen persönlichen Krieg zwischen den Herren Putin und Nawalnyj. Deshalb marschieren die einen mit Ikonen der Gottesmutter, Reliquien von Alexander Newski, Bildern von Veteranen des Großen Vaterländischen Krieges und einem Porträt von Putin, während die anderen mit Klobürsten, den Parolen »Nieder mit dem Zaren«, Bildern von politischen Gefangenen und einem Porträt von Nawalnyj aufmarschieren. Beide Bewegungen sehen aus realpolitischer Sicht etwas absurd aus. Das Schlimmste ist, dass Leute in der Hitze des politischen Gefechts nicht bemerken, dass es neben dem Personenkult um Putin auch einen wachsenden Personenkult um Nawalnyj gibt. Vielleicht will ihn auch niemand so richtig bemerken, weil ja der sakrale Opferkult, seit Lenin im Mausoleum liegt, zum Mythos des Landes gehört, zum Mythos der staatspolitischen Reliquie, die eine paradoxe Form der Heraldik des modernen Großreichs ist.

Im Allgemeinen ist die Figur Nawalnyj selbst bei denjenigen umstritten, die gegen Putin sind. Der Prozess gegen ihn war eindeutig eine Farce. Und es war klar, dass Kundgebungen folgen würden. Auch die Kundgebungen selbst bringen Konfusion mit sich. Nawalnyj ist nicht das erste Jahr in der Politik tätig, da konnte er nicht übersehen, dass diese Kundgebungen zu keinem konkreten Ergebnis führen werden. Das Ergebnis war dann auch das übliche: Tausende von Verhaftungen, Geldstrafen, Arbeitslosigkeit, neue repressive Gesetze und die vollständige Vernichtung der

Opposition. Das kann kein Ergebnis sein, das ein Politiker und Stratege erhofft. Darüber hinaus ist die Datenbank, die Nawalnyjs Hauptquartier über die Demonstranten gesammelt hat (noch einmal: Warum?), vorhersehbar in die Hände des föderalen Sicherheitsdienstes gefallen. Jetzt kann jeder Einzelne von ihnen zum Extremisten erklärt werden. Für jemanden, der seit etwa 20 Jahren in der Politik ist und ihre Untiefen kennt wie kein Zweiter, ist das ein sehr merkwürdiger Schritt.

Die Impulse der Regierung sind weitgehend verständlich; sie hat die Situation genutzt, um die Schrauben und Muttern anzuziehen und die politische Situation im Land zu versiegeln. Unverständlich ist die Kurzsichtigkeit von Nawalnyjs Team und dessen völlige Strategielosigkeit. Einige der Demonstranten haben ihren Arbeitsplatz verloren, anderen wurde angedroht, ihre Kinder aus der Familie zu nehmen, wieder andere haben keinen Studienplatz erhalten, wurden zu Geldstrafen verurteilt, verprügelt, unter schrecklichen Bedingungen in einer Haftanstalt untergebracht oder sogar noch Schlimmeres. Und wofür das alles? Im Namen wovon? Natürlich könnte das alles dazu beitragen, Sanktionen gegen die Oligarchen zu verhängen, was wiederum nicht viel an der Situation im Land ändern würde, nein. Aber sollten die Demonstranten dafür als Kanonenfutter benutzt werden? Das russische Volk ist also 20 Jahre lang mit Putin den Weg der Stabilität gegangen, lief 15 Jahre lang mit Nawalnyj auf der Straße, hängt dann noch mal 20 Jahre dran ... Es wird ein gelobtes Land geben. Doch es kommt und kommt einfach nicht.

Eine Revolution in Russland ist wahrscheinlich nur von oben durch die Eliten möglich. Ebenso wahrscheinlich ist, dass ein Revolution das bestehende System nicht verändern wird. Der neue russische Präsident wird sich entweder auf die Sicherheitskräfte oder auf die Oligarchen verlassen müssen. Und sie werden immer Menschenopfer fordern. Wenn der Machtwechsel von unten kommt, wird die Macht durch Blut und neuen Terror gehalten werden müssen. Warum ist das – in Russland – immer wieder so?

7. Politisches Theater und Simulakren

Was auch immer wir tun, es ist alles dasselbe: entweder die KPdSU oder die Kalaschnikow.

VIKTOR TSCHERNOMYRDIN, sowjetischer und russischer Staatsmann

William Shakespeare aus Stratford-upon-Avon meinte, das Leben sei theatralisch. Und Erwin Piscator, geboren in Ulm, behauptete, dass alles Theater politisch ist. Was wir sagen können, ist, dass alle Politik Theater ist. In Russland: absurdes Theater, mit einer Prise des grausamen – oder umgekehrt. In totalitären Regimen erreicht die Theatralität des Lebens ihren Höhepunkt und das politische Theater spielt keine große Rolle mehr. Im Leben der Bewohner eines totalitären Regimes, das von Politik und Ideologie durchdrungen ist, gibt es dafür einfach keinen Bedarf. Die Diktatoren spielen ihr Spiel im Radio, im Fernsehen, in Zeitungen, Zeitschriften und den offiziellen Internetmedien, und die Opposition spielt ihr Spiel in den sozialen Netzwerken im Untergrund. Wovon Brecht träumte, ist längst eingetreten: Nach dem Betrachten von You-

Tube-Videos, Memes oder Beiträgen in sozialen Netzwerken beginnt das Publikum zu reagieren, tauscht manchmal den Platz mit dem Autor und nutzt die Kommentarfunktion. So entsteht Tag für Tag ein endloser Metatext eines politischen Dramas. Der Empfänger ist zum Sender geworden, ein Dialog, wenn auch ungleich, ist entstanden. Die da oben nennen es gern Demokratie. Und all das wird mit dem Geld der Zuschauer aufrechterhalten: Sie sind es, die Steuern zur Unterstützung der offiziellen Propaganda zahlen und für die Opposition spenden. Diejenigen, die Interaktivität wünschen, gehen zu Kundgebungen. Offensichtlich ist das der Grund, warum das politische Theater in Russland nicht Fuß fassen kann. Ich meine, politisches Theater, das im Theater, auf der Bühne, mit Maske und Requisiten und Kostümen stattfindet. Die Russen wollen diese Art von Erfahrung nicht, sie befinden sich in einem ständigen Zustand des politischen Theaters. Der Ausweg aus diesem Zustand könnte nur etwas Leichteres sein, in Form eines Musicals oder einer Komödie. Das politische Theater im Theater wird den Bürgern vorenthalten; sie könnten an einer Überdosis sterben.

In einer freien demokratischen Gesellschaft wird das alltägliche Leben hauptsächlich während des Wahlkampfs politisiert. Dann betreten die Kandidaten die

Bühne und ziehen ihre Show ab, die von mehr oder weniger kompetenten Teams aus Experten für Politik und Presse vorbereitet wurde. Das Können der Schauspieler und des Produktionsteams entscheidet darüber, ob die Zuschauer ein hochwertiges Drama oder eine Zirkusvorstellung erleben, meistens ist es Letzteres. Im Totalitarismus ist das Leben unabhängig von Wahlen andauernd politisiert, denn sie spielen keine Rolle, sie sind dekorativ und ihr Ausgang ist immer klar. Daher muss das totalitäre Regime die Techniken aktiver nutzen, um die Wählerschaft dazu zu bringen, ihren Führer zutiefst und selbstlos zu lieben. Wenn dieser Mechanismus nachlässt, wird er sofort durch die Formel, die immer gleiche Formel ersetzt: »Überall um uns herum sind Feinde, und sie versuchen, uns von innen heraus zu zerstören.« Auf diese Weise kann man das Volk für eine Weile vereinen, ohne dabei zu vergessen, Andersdenkende zu bestrafen. Diese Idee wird auf jede erdenkliche Weise theatralisiert, mit Paraden, Denkmälern und Konzerten. Der Zuschauer in einem großen politischen Spektakel ist eine sympathische und einfühlsame Position, hat aber keinen Einfluss auf irgendetwas, und je stärker das Pathos des Dramas ist, desto unbedeutender sind das Leben und die Alltagsprobleme des Zuschauers. Es ist albern, sich über hohe Preise zu beschweren, wenn es überall Feinde gibt und man das Mutterland retten muss.

In Russland haben die Behörden lange so getan, als gäbe es das Volk nicht. Selbst bei Wahlen, selbst bei Verfassungsänderungen, ist die Macht in Russland autark. Sie folgt nicht einmal den Entwicklungen im Land. Sie ist nicht daran interessiert, was im Land geschieht. Und Interviews mit den Behörden zu sensiblen Themen ähneln Dialogen in den Dramen von Samuel Beckett:

DIE PRESSE: Die Leute, die da drüben protestieren ...
DIE MACHT: Das bilden Sie sich nur ein.
PRESSE: Sie werden von der Bereitschaftspolizei verprügelt.
MACHT: Es tut nicht weh, und wenn es jemandem wehtut, hat er unrecht.
PRESSE: Und wie ist Ihre Einstellung zu Kundgebungen?
MACHT: Wir haben keine Unzufriedenen, alle Unzufriedenen sind im Gefängnis, und um den Rest kümmern sich die Ermittler.

In Georgi Danelijas tragikomischer Sci-Fi-Satire *Kindsa-dsa!*, die in den 1980er-Jahren entstand und zum spätsowjetischen Kultfilm wurde, heißt es: »Die Regierung, mein Schatz, erreichst du nicht, sie lebt auf einem anderen Planeten.« Dieser Film entpuppte sich bald als prophetisch für die postsowjetische Phase – bis heute. Wenn die Regierung auf einem anderen Planeten ist und es keine Möglichkeit gibt, sie zu erreichen, kann man Konzerte veranstalten, sich mit der OMON-Polizei prügeln oder sich zehnmal auf dem Platz verbrennen – es interessiert keinen. Man kann vergiftet werden und wieder auferstehen und dafür ins Gefängnis kommen, es interessiert keinen. Sie empören sich vielleicht, Sie protestieren sogar, Sie stehen auf, machen Fotos mit ihrem Handy auf der Straße, posten sich auf Instagram, reposten andere, und dann bekommen Sie vom Sicherheitsdienst eine Verwarnung, werden aufgefordert, Ihre Inhalte zu löschen, werden zu einer Geldstrafe oder zu 15 Tagen Gefängnis verurteilt, je nachdem, wie viel Glück Sie haben, und das war's. Das kann man mit sehr vielen machen, und ja, es geschieht genau so mit Tausenden und Abertausenden Bürgern der Föderation.

Die heutigen russischen wie auch weißrussischen Proteste stehen im Dialog mit der Leere. Jede Aktion gegen die Obrigkeit – ob Mahnwachen, Kundgebungen, Demonstrationen – unterliegt den Gesetzen der Performancekunst, denn Protestaktionen brauchen ein Publikum. Und wenn das Publikum die Performance nicht wahrnimmt, fällt es den Demonstranten zunehmend schwerer, weiterzumachen. Die Proteste zum Repertoiretheater umzuwandeln und sie samstags ohne Publikum zu zeigen, wird nicht funktionieren: Der Prozess wird schal. Die Mechanismen des Dialogs mit den Behörden sind unterbrochen. Wenn wir über den Protest als dramaturgischen Akt sprechen, wissen wir, dass sich der Konflikt entwickeln muss, um irgendwann seinen Höhepunkt erreichen zu können, damit die Situation umschlägt oder kippt. Die russische Gesellschaft befindet sich an einem solchen Kipppunkt.

Die Stilllegung der Möglichkeit eines liberalen Entwicklungsweges und einer, wenn auch hässlichen, Demokratie begann Ende des Jahres 2011. Im Jahr 2012 tauchten in Putins Rede Begriffe wie »geistige Bande« und »traditionelle Werte« auf, und es gab eine klare Gegnerschaft zum Westen. Von da an beginnt der Putinismus als Ideologie, sich endlos selbst zu reproduzieren, und radikalisiert sich. Die Leiter der Strafverfolgungsbehörden – der Chef des Ermittlungsausschusses Alexander Bastrykin, der Direktor des Auslandsnachrichtendienstes Sergej Naryschkin und der Sekretär des Sicherheitsrates Nikolai Patruschew – sind zu Trägern dieser Ideologie geworden. Nach Ansicht des Politologen Waleri Solowjow ist Patruschew der Mann, dem Putin wirklich vertraut. Er ist es, der die Entwicklungsstrategie Russlands formuliert hat und hinter fast allen wichtigen Konzepten der Staatspolitik steht, nicht nur in Sicherheitsfragen, sondern auch in der Wirtschafts- und Sozialpolitik. Auch Wiktor Solotow, Direktor des Föderalen Dienstes der Truppen der Nationalgarde der Russischen Föderation, der Alexej Nawalnyj im September 2018 in einer Videobotschaft zum Duell herausforderte und versprach, ein Kotelett aus ihm zu machen, ist ein Vertreter dieser Ideen. Die Botschaft wurde auf dem YouTube-Kanal von Rosgvardia veröffentlicht, sehr zum Ärger des Kremls, doch Solotow gelang es, seinen Posten zu behalten.

Vor Kurzem stieß ich auf eine kuriose Studie, die die Politologin und Publizistin Tatiana Stanova für das Carnegie Research Center erstellt hat. Sie ist der Meinung, dass die Machtstrukturen allein, trotz zahlreicher Säuberungen und Korruptionsfälle, eine zunehmend unabhängige Kraft in Russland werden. Eine eigene Gewalt im Staat, die wir, unter russischen Gesichtspunkten – nach Legislative, Exekutive, Judikative und einer fragwürdigen Publikative –, als Potestative bezeichnen könnten. Nicht wenige Journalisten und Politologen vermuten, dass Patruschew viele der Gesetzentwürfe zur Verschärfung der Kontrolle über das Internet und die Onlinekommunikation vorgeschlagen hat, während der FSB ein Paket von Gesetzen zur Terrorismusbekämpfung und zur Bekämpfung des Extremismus gefördert hat. Heute sind die

Sicherheitsapparate am mobilsten, wenn es darum geht, mit Sicherheitsbedrohungen für das Regime umzugehen, seien es die Recherchen von Nawalnyjs Team oder eine Kundgebung, das Schmuggeln brisanter Daten und Dokumente ins Ausland, eine Cyberattacke, egal ob sie echt ist oder nur vermutet wird. Der Regierungsapparat bringt keine Initiativen hervor und kann nur auf Anweisung des Präsidenten handeln, alle zivilen Aufsichtsbeamten sind durch das System derart gelähmt, dass sie nicht in der Lage sind, mit der Opposition in Dialog zu treten. In diesem Fall liegt die gesamte Initiative in den Händen der Bewahrer des Regimes und derjenigen, die es ideologisch unterstützen. Praktisch alle öffentlichen Einschätzungen Putins zu terroristischen Gruppen wie »Netz« oder »Neue Größe« oder die Einschätzungen der Proteste spiegeln die Ansichten des Föderalen Sicherheitsdienstes wieder.

Die Sicherheitsdienste konkurrieren intern um Putins Aufmerksamkeit, sodass ihre Vertreter mit repressiven Ideen und Arbeitsmethoden wetteifern. Dieser Prozess wird auf die eine oder andere Weise unkontrollierbar, was die sogenannten »Systemliberalen« – Vertreter großer, oft transnationaler Unternehmen, die an Sanktionen des Westens ganz und gar nicht interessiert sind – natürlich beunruhigen muss. Aber die Situation ist nicht mehr leicht zu ändern, wenn der Staat zum Polizeistaat wird und die Geheimdienste regieren. Die Machtstrukturen betreten die Bühne und das Theater der Grausamkeit beginnt. Zu Sowjetzeiten war der Terror kein Thema, er wurde nicht hervorgehoben, ganz im Gegenteil. Es reichte aus, einen Gerichtsprozess zu zeigen, der in seiner Form einem antiken Drama glich. Den Rest konnte sich das Publikum selbst ausdenken. Sogar die Todesstrafe wurde damals durch den Euphemismus »zehn Jahre ohne Recht zu korrespondieren« ersetzt. (Man hätte auch schlecht »für immer ohne Recht zu korrespondieren« urteilen können, das wäre aufgefallen.) Doch an der Wende vom 20. zum 21. Jahrhundert wird die Gewalt fast zur einzigen Form von Realität, Politik und Kunst. Die Nachrichten, in denen Unfälle, Katastrophen und Leichen in Großaufnahme gezeigt werden; die kommunikative Gewalt der Fernsehsendungen; die häusliche Gewalt, die heute eines der größten Probleme Russlands ist; die Ästhetik der Brutalität im sozialen Drama, im Theater und im Autorenkino. Ein Mensch, der in Grausamkeit aufgewachsen ist, merkt kaum, dass die Situation kritisch geworden ist. Auf Sachalin wohnte ich mit meinen Kindern in einem der als »Chruschtschowka« bekannten Fünfgeschosser; fast alle meine Nachbarn waren durchgängig betrunken. Oft gab es Schlägereien in den Treppenhäusern, Glassplitter, abgerissene Geländer, aufgeschnittene Gliedmaßen, zerschlitzte Kehlen, Typen, die dir an der Kellertreppe auflauerten; die Polizei weigerte sich, zu kommen, wenn sie gerufen wurde – was bis heute so geblieben ist, wenn es um häusliche Gewalt geht. Wenn ich morgens mit meinen noch kleinen Töchtern auf den Treppenabsatz kam, führte ich sie oft vorsichtig um blutige Pfützen herum, damit ihre Schuhe sauber blieben. Blut war zur Routine geworden. Wir hatten nicht einmal Angst. Der Ekel war irgendwo eingefroren in uns.

Sicher würden wir heute weniger Pfützen geronnenen Blutes vor den Wohnungstüren finden, aber der Fall in Moskau, im Haus, in dem ich wohnte, als die Mieter eines ganzen Blocks die Polizei riefen, nachdem eine Nachbarin weinte, um Hilfe schrie und die Polizei auch nach Stunden nicht kam – sie kam erst, um die totgeprügelte Frau vorzufinden –, steht stellvertretend für eins der schlimmsten Übel unserer Zivilgesellschaft. Und das geschah nicht in den Neunzigern, es geschieht heute.

Es gibt die Meinung, dass der Motor eines jeden totalitären Systems auf allen hierarchischen Ebenen aus den zwei Bedrohungen besteht: der Rebellion von unten und der Unzufriedenheit von oben. Wenn beide vermieden werden, kommt es zu einer rasanten Endorphinausschüttung, und wenn eine der Bedrohungen zu einem echten Problem geworden ist, schießt das Adrenalin in die Höhe. Deshalb ist es so angenehm, den unter dir Stehenden zu erniedrigen und den Höheren zu vergöttern. Diese emotionalen Schwankungen wirken wie eine Art Droge, und es ist ziemlich schwierig, von dieser sadomasochistischen Nadel loszukommen. Besonders schwierig ist es, wenn das System seit Jahrhunderten erfolgreich funktioniert. Totalitäre Regime brauchen ständig Helden, starke Männer mit Gewehren in der Hand, die in der Lage sind, jeden zu vernichten. Sie bekämpfen den Terrorismus, sie stellen ihre Feinde bloß, sie unterdrücken Proteste. Und wenn es keine Terroristen oder Feinde gibt, müssen sie erfunden werden. »Der Staat ist eine Mühle die muß mahlen / Der Staat braucht Feinde wie die Mühle Korn braucht / Der Staat der keinen Feind hat ist kein Staat mehr« – legen die Staatssicherheitskentauren in Heiner Müllers *Wolokolamsker Chaussee IV* Hegels Staatslehre dialektisch angewandt aus. Was für den Endzustand einer DDR von 1987 geschrieben war, trifft auf die postsowjetische Föderation von 2021 nur allzu sehr zu.

Der Affekt ist in einer totalitären Gesellschaft sehr ausgeprägt. Gewalt wird zur Norm, und um die narkotische Wirkung zu erzielen, muss die Dosis erhöht werden. Das ist ein Grund für die zunehmende Brutalität der Machtstrukturen gegenüber den Demonstranten. Es besteht der gleiche Zusammenhang wie in der Situation mit dem Folterer-Ehemann. Er quält sein Opfer immer mehr und fühlt sich dabei völlig ungestraft, gleichzeitig enden alle Versuche des Opfers, sich scheiden zu lassen, tragisch.

Apropos politisches Theater, wir sollten auch den Protagonisten erwähnen. Er ist nicht nur ein Produkt seiner Zeit, sondern hat die Züge vieler russischer Politiker in sich aufgenommen: Iwan IV. der Schreckliche, der Gendarm Europas Nikolaus I., der Friedensstifter Alexander III., Nikolaus II. der Blutige und bislang der Letzte in der Reihe der großen wirklich harten Regenten, der Vater der Völker Josef Wissarionowitsch Stalin. Danach kommt er, der seinen Platz in allen Bereichen des russischen Lebens sicher eingenommen hat: im Kranichkeil, im Eisloch, zu Pferd, in der Kirche, auf der Judomatte und nun auch in der Geschichtswissenschaft. Er ist sehr charmant und nicht dumm, er kann mit dem Proletariat, mit alten Damen, Kindern, jungen Frauen, mit Veteranen, mit Helden und Hunden kommunizieren. Und das Bemerkenswerte ist, dass der von der Propaganda dargestellte Wladimir Wladimirowitsch und der vom Westen dargestellte Putin zwei verschiedene und zugleich nicht existierende Putins sind.

Um Putin ranken sich seit Langem Legenden: dass nicht mehr der Präsident selbst an der Macht ist, sondern sein Doppelgänger, dass der echte Putin längst gestorben ist, von Außerirdischen entführt, in den Westen verkauft wurde, erkrankt ist (Zutreffendes ggf. unterstreichen). Er entzieht sich ständig einer detaillierten Betrachtung, selbst seine Kinder sind körperlos, niemand weiß genau, wer sie sind, und er selbst ist nur noch ein Mythos, der in einem Bunker sitzt. Und damit wird er schon zu Lebzeiten so etwas wie der tote Gott der Revolution, der auf dem Roten Platz im Mausoleum liegt.

Putins öffentliche Äußerungen richten sich zumeist an das »tiefe Volk«. Die Rede ist voll von verschiedenen Sprüchen, politisch unkorrekten, plumpen Witzen, derben Ausdrücken und dem endlosen: »Und im Westen ist es noch schlimmer!« Und Putin beruft sich schon lange nicht mehr auf Fakten und Logik, wenn er auf Anschuldigungen und Äußerungen antwortet. Er erhebt sich über das Thema und lebt sozusagen an der Spitze des Geschehens. Meistens sagt er: »Unsinn«, oder: »Das ist lächerlich.« Auf Kritik an der Situation in Russland antwortet er dann wiederum: »Im Westen ist es noch schlimmer.« Die gleiche Rhetorik wird von der Propaganda aufgegriffen.

Im Koordinatensystem, das sich in den letzten 20 Jahren in den staatlichen Medien – und nicht nur dort – herausgebildet hat, hat die Regierung immer recht. An allem Unglück in Russland sind bestimmte »Feinde« schuld, sie sind diejenigen, die »das Boot schaukeln« und »wie in Frankreich sein wollen«. Sie werden vom Präsidenten und den Sicherheitsdiensten so ausdauernd wie nötig und so hart wie möglich bekämpft. Diese Rhetorik und die dazugehörige rücksichtslose Machtausübung sind nicht neu; es gab sie schon zu Zeiten der Sowjetunion. Sie wurde bloß in den 1990er-Jahren kurz unterbrochen. Der Mythos, dass Russland für das volle menschliche Glück unbedingt innere und äußere Feinde besiegen muss, wird niemals zu ebendiesem Glück führen. Der Samurai hat kein Ziel; das Ziel ist der Weg. Auch die russische Propaganda hat ein Ziel – nicht den Aufbau von Wohlstand, sondern den ewigen Kampf mit dem Feind um Wohlstand. Sie ist Teil der nationalen Ideologie. In dieser nur in Schwarz und Weiß gefärbten Rhetorik nimmt die Aggression stark zu. Der Protagonist selbst geht der Innenpolitik sorgfältig aus dem Weg, er beschäftigt sich mehr und mehr mit Geopolitik und Geschichte und formt einen mächtigen, siegreichen Staat in der russischen Vergangenheit. Er schlüpft zunehmend in die Rolle einer historischen Figur und betrachtet sein Handeln wie von außen, mit den Augen der Nachwelt. Gleichzeitig beruht fast die gesamte Rhetorik der modernen Behörden auf falschen, leeren Symbolen.

Im 19. Jahrhundert beschrieb der französische Schriftsteller Marquis Astolphe de Custine Russland als

»Land der Fassaden«. Das war jedoch schon vor ihm bekannt, nachdem der französische Reisende Forcia de Piles, der Russland 1791 bis 1792 besucht hatte, in seinen Aufzeichnungen berichtete, dass Katharina die Zweite, wie jeder andere Herrscher auch, oft getäuscht wurde, und auf einer ihrer Reisen durch das Land über dessen offensichtlich prosperierenden Zustand frohlockte, ohne zu wissen, dass die Straßen nur entlang ihrer Route befestigt waren, zahlreiche Dörfer nur Kulisse waren und sofort nach ihrer Abreise zerstört wurden, während die Bauern über Hunderte von Kilometern ihren »Dörfern« hinterherstapfen mussten. »Es war eine Erfindung des Genies von Potemkin«, schreibt de Piles, »dem es gelang, seine Monarchie durch eine so neuartige List zu überzeugen, dass das als Wüste verehrte Land blühte.« Hat sich in dreihundert Jahren viel daran geändert? Der Umfang der Produktion von Fassaden, Schildern und Etiketten hat mit Sicherheit zugenommen, aber dahinter ist es immer noch leer.

Vor der Fußballweltmeisterschaft besuchte ich im September 2017 beruflich ein Theaterfestival in Samara. Die Stadt ist sehr alt, sogar im Zentrum hat sie noch ihre geschnitzte Holzarchitektur bewahrt. Alles, was dort geschah, war also dasselbe wie im 18. Jahrhundert: Die verfallenden Holzhäuser und Hütten waren mit Bannern bedeckt worden, und die Straße wurde nur entlang der Route der Sportler und ihrer Begleitmannschaften repariert. Dem Theaterfestival wurden kurzerhand die Mittel gestrichen, um sie in den Bau schöner Fußballstadien umzuleiten. Die Tradition der Herstellung von Simulakren erweist sich nach wie vor als stark und haltbar.

Es gibt eine permanente Simulation des aktiven Lebens auf dem Land: Die Duma erlässt unnötige Gesetze, es werden nicht existierende Feinde erfunden, eine Pseudo-Opposition sitzt im Parlament, die echte Opposition sitzt wegen falscher Anklagen im Gefängnis, die Polizei produziert selbst unablässig Terroristen. Und egal, was man anfasst, es ist nicht echt. Hier sind Wahlen nur eine Simulation, und Proteste sind nur ein Vorwand für Repressionen. Die Vergangenheit Russlands ist noch unbekannter als seine Zukunft. Alles ist eine Lüge, Karneval, ein Theater, nein, ein Zirkus. Russland ist heute ein großes Simulakrum. Die Menschen haben das Interesse an der Politik völlig verloren und sitzen auf der Spitze einer Propagandanadel, aber sobald das Bild auf und um den Bildschirm herum zu viel Resonanz findet, setzt ein Abwehrmechanismus ein; es kann aber auch mithilfe von Simulakren wie »Kampf gegen Terrorismus und Extremismus«, »Vertikale der Macht«, »Intrigen der Feinde«, »Importsubstitution« überwunden werden. Der politische Raum selbst ist ruiniert; es gibt keinen einzigen unabhängigen Spieler auf ihm. Das gesamte System ist auf eine einzige Person ausgerichtet. Der Begriff der Wahl ist diskreditiert. Der Wahlprozess ist nur noch für die Propaganda und die westlichen Medien interessant.

Diese Simulation ist der Grund für die absurden Äußerungen des russischen Präsidenten, wie beispielsweise diese: »Bis zum Jahr 2025 soll die durchschnittliche Lebenserwartung der Russen 75 Jahre betragen.« Das heißt, der Präsident gibt eine Anweisung, die sehr schwer umzusetzen ist, vor allem, wenn man es planmäßig angeht. Es ist vielleicht möglich, in den kommenden drei Jahren ein System fiktiver Statistiken zu entwickeln, aber es ist unmöglich, in dieser Zeit die sozialen Probleme zu lösen, die zu einer übermäßigen Sterblichkeit führen.

Ähnlich absurd sind die Versprechungen von Verteidigungsminister Sergej Schoigu im August 2021, der offenbar im ganzen Land Wahlspektakel veranstalten muss, um die Umfragewerte der Partei »Einiges Russland« zu steigern. Schoigu sagte, dass Russland heute die Leicht- und Schwerindustrie entwickle, die Massenarbeitslosigkeit beseitigt sei, die Bevölkerung mit Wohnraum versorgt werde und die Sozialpolitik den Bedürfnissen der Bürger entspreche. Und das vor dem Hintergrund der wachsenden Abhängigkeit Russlands von Importen fortschrittlicher Technologie. Gleichzeitig stiegen die Einnahmen des föderalen Haushalts zwischen 2014 und 2020 um 0,6 Prozent, die Unternehmensgewinne um 30,5 Prozent, und die Realeinkommen der Bevölkerung sanken um 9,9 Prozent. Die Hälfte der Bevölkerung des Landes verdient umgerechnet weniger als 500 Euro pro Monat, während die Zahl der Dollarmilliardäre steigt. Jedes vierte Kind lebt unterhalb der Armutsgrenze, was bedeutet, dass ein Kind weniger als 150 Euro pro Monat erhält. Das entspricht in etwa dem Lebenshaltungskostenminimum in Russland. Der Grund für dieses hohe Armutsniveau ist vermutlich eine ungerechte Umverteilung der Ressourcen unter der Bevölkerung. 2020 sinken die Realeinkommen der Russen um 3,5 Prozent im Vergleich zum Vorjahr, während die Milliardäre um 62 Milliarden Dollar reicher wurden. Russland hat nach den USA, China und Deutschland die vierthöchste Zahl von Dollarmilliardären in der Welt. Um das Problem der offensichtlichen Diskrepanz zu lösen, müssten Arbeitsplätze geschaffen, bestehende Arbeitsplätze modernisiert und die Mobilität der Arbeitnehmer erhöht werden. Aber niemand hat es eilig, in die Wirtschaft zu investieren. Während der Pandemie wurden viele kleine und mittlere Unternehmen endgültig ruiniert, und die Programme zur Armutsbekämpfung und zur Unterstützung von Kleinunternehmen sind unwirksam.

Unter anderem schlug Verteidigungsminister Schoigu vor, Millionenstädte in Sibirien zu bauen und »drei oder besser fünf« große Industrie- und Wissenschaftszentren in diesem Gebiet zu schaffen. Und es wurde bereits ein Standort für den Bau der ersten Stadt dieser Art an der Grenze zwischen der Region Krasnojarsk und Chakassien ausgewählt. Der Baubeginn wurde für 2022 in Aussicht gestellt. Es ist schade, dass niemand dem Verteidigungsminister gesagt hat, dass es solche Städte in Sibirien bereits gibt. Und dass die Menschen Sibirien verlassen, wo sie nur können, weil es dort nur wenige Arbeitsplätze, niedrige Löhne und eine schlechte Infrastruktur gibt. Diese Misswirtschaft des Haushalts, die Schaffung falscher Aktivitäten, eine aufgeblähte Bürokratie und milliardenschwere Investitionen in unwirksame Programme treiben das Land in eine langwierige Krise. Aber die Behörden stört das nicht, sie werden die Schuldigen wie üblich finden und für eine bessere Zukunft bekämpfen.

Die Partei »Einiges Russland« selbst ist auch ein großes politisches Simulakrum; sie ist nicht bereit, mit der realen Bevölkerung zusammenzuarbeiten, sie weiß nicht, wie sie das tun soll. So kündigte der stellvertretende Sprecher der Staatsduma, Pjotr Tolstoi, im Juni 2021 die Eröffnung eines öffentlichen Empfangsbüros der Partei »Einiges Russland« an, das unter anderem als Zentrale für die öffentliche Unterstützung dient. »Das wird ein neuer Anziehungspunkt für die Moskauer, für unsere Mitbürger, Freunde, junge Leute, die hier Veranstaltungen durchführen werden.« Er appellierte auch an besorgte Bürger, sich mit Anregungen, konstruktiver Kritik und Fragen an das neu eröffnete Empfangsbüro zu wenden. Bei der Eröffnung dieses Büros kamen auf Drängen der Partei Hunderte von Menschen mit Vorschlägen, Fragen und Kritiken. Interessanterweise hatten die Vertreter von »Einiges Russland« nicht im Geringsten erwartet, dass die Leute ihren Aufruf ernst nehmen und es wagen würden, zu erscheinen. Aber sie kamen, und die Beamten waren fassungslos und schlossen sich ein. Eine halbe Stunde lang hat sich niemand den aktiven Mitbürgern genähert. Nur ein Polizist fragte, warum die Leute gekommen waren und was sie eigentlich wollten. Das Hauptquartier beschloss, die Menschen wegen des Coronavirus und »sozialer Distanz« einzeln vorzulassen. Die lange schon Wartenden begannen sich zu empören. Schließlich kam ein Vertreter der Regierungspartei aus dem Empfangsraum und erklärte sich bereit, die Anträge der Bürger »im Paket« anzunehmen. Der Fall war vollkommen absurd und wild. Keiner der Vertreter der Partei »Einiges Russland« hat sich jedoch zu der Situation geäußert oder sich bei den Bürgern entschuldigt. Das System war nicht auf die Realität vorbereitet, weil es parallel dazu lief. Das Simulakrum kann nicht berührt werden, es kann nicht konfrontiert werden und es kann nicht verhandelt werden. Es gehört zu einem anderen Planeten.

»Bürger, bekämpft den äußeren Feind! Geht zu Kundgebungen, bis das US-Außenministerium bankrott ist.«

Das Meme basiert auf dem sowjetischen Propagandaplakat aus dem Zweiten Weltkrieg »Mutter Heimat ruft!« (1941) des georgisch-sowjetischen Künstlers Irakli Toidse.

»Lass all die schlechten Dinge verschwinden« – In den sozialen Medien tauchen von Zeit zu Zeit verschiedene Versionen dieses Memes als Neujahrskarte auf. Es basiert auf einem Werk des russischen surrealistischen Künstlers Rinat Voligamsi, »S. I. Uljanow und seine Tochter Natasha nahe der finnischen Grenze« (1925).

»Prüfen Sie Ihre Sehkraft. Das Vereinigte Russland ist die Partei der Gauner und Diebe.«

НАС НЕ СБИТЬ С ПУТИ,

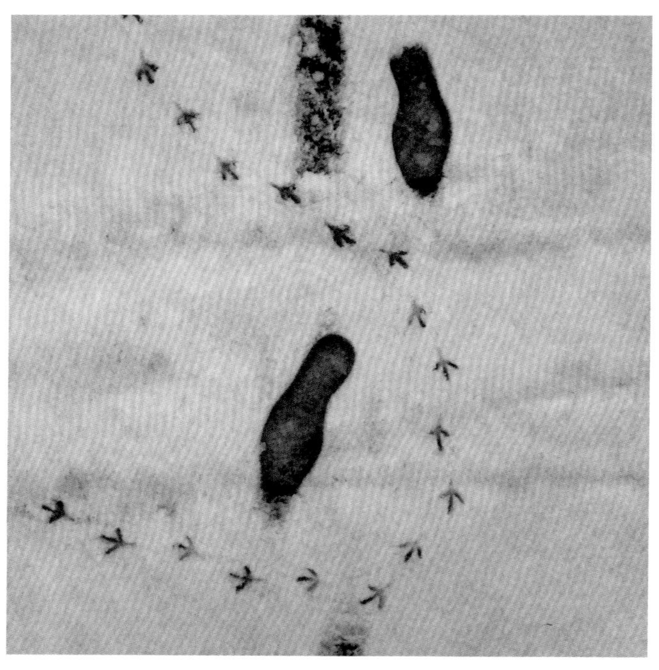

ПОТОМУ ЧТО МЫ НЕ ЗНАЕМ, КУДА ИДЕМ

»Wir können nicht in die Irre geführt werden, weil wir nicht wissen, wohin wir gehen«

»Russische Bürger, die sich in diesem Leben falsch verhalten haben, kehren nach ihrem Tod in die Russische Föderation zurück.«

Die Inschriften an den Häusern von links nach rechts: Putin lebte, Putin lebt, Putin wird leben

»Hast du dich als ausländischer Agent gemeldet?«

Das Meme basiert auf dem Bürgerkriegsplakat »Hast du dich als Freiwilliger gemeldet« (1920) des Künstlers Dmitri Moor.

»Wir haben unser Limit an Revolutionen ausgeschöpft.«

Am 20. August 2021 äußerte sich Wladimir Putin auf einer Pressekonferenz im Anschluss an die deutsch-russischen Gespräche: »Russland hat sein Limit für Revolutionen im 20. Jahrhundert ausgeschöpft, wir wollen keine weiteren Revolutionen.«

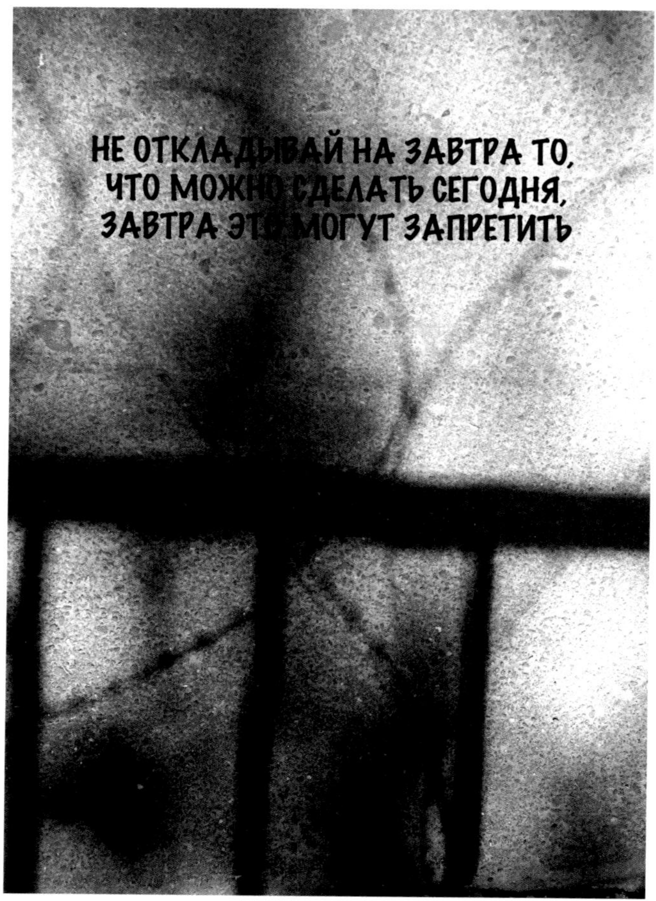

»Verschiebe nicht auf morgen, was du heute kannst besorgen. Morgen kann es verboten sein«

Das Meme basiert auf dem Plakat »Schwatz nicht!« (1941) der sowjetischen Künstler Vatolina Nina Nikolaevna und Denisov Nikolai Viktorovich, in der oberen rechten Ecke steht: »Sei auf der Hut – // in diesen Tagen // haben selbst Wände Ohren, // nicht weit ist's von Geschwätz // und Gerücht // bis zum Verrat.«

»Lesen Sie Kafka?« – »Wozu? Wir leben ihn doch!«

»Mein Russland sitzt im Gefängnis« – eine Zeile aus dem Lied Это пройдет (»Es geht vorbei«) der russischen Musikgruppe *Pornofilms,* die zu einem der Slogans des Protests geworden ist.

»Wollt ihr es wiederholen?« – Diese Frage ergab sich aus den Pro-Putin-Slogans »1941–1945. Wir können es wiederholen«. Auf dem Foto ist der Vater der Russischen Revolution, Wladimir Lenin, zu sehen.

»Dafür aber die Stabilität«

»Schlaft gut, Russen! Morgen wird es noch schlimmer sein als gestern.«

ЧЕМ БОЛЬШЕ ПИНОКИО ВРАЛ,
ТЕМ ДЛИНЕЕ СТАНОВИЛСЯ У НЕГО СТОЛ

»Je mehr Pinocchio log, desto länger wurde sein Tisch«

»Putin könnte bis 2036 an der Macht bleiben. Und dann kommt 37.« – Im Jahr 1937 erreicht der Große Terror in der Sowjetunion seinen Höhepunkt.

8. Die Memetisierung der politischen Satire

Es gibt immer mehr lustige Dinge auf der Welt und immer weniger Gelegenheiten, ungestraft darüber zu lachen.

AUS DEM INTERNET

»Lachkultur« heißt ein Begriff aus der russischen Literaturwissenschaft. Er wurde 1940 von dem Philologen und Kulturtheoretiker Michail Bachtin in einer Arbeit über den Renaissance-Dichter Rabelais eingeführt. Bachtin geht davon aus, dass man sich über die negativen Aspekte des Lebens lustig macht, um gesellschaftlichen Druck und einen Teil der Ängste abzubauen – die Kultur des Lachens erzeugt ein System, das einen von Ungerechtigkeit freien Lebensraum gewährt. Der Witz als Ausdruck mündlicher Folklore des Homo sociologicus sovieticus wurde zur beliebtesten Form dieses Teilsystems der Subversion innerhalb des überwölbenden Systems der Repression. Dass allein das Lachen schon subversiv ist, wurde durch die drakonischen Strafen für den politischen Witz, der oft nur der Witz über das Politische war, von staatlicher Seite offiziell bestätigt. Im dialektischen Schluss bedeutete die Gefahr, die der erzählte Witz für den Erzähler wie für den Hörer darstellte, so etwas wie eine subversive politische Tat. Der Witz hob den, der ihn erzählte, und den, der zuhörte, auf eine höhere Ebene im Wertesystem des sozialistischen Totalitarismus. Für einen kurzen Moment war man sich einig und konnte sich durch das Lachen kurz befreit, der Obrigkeit wenn nicht überlegen, so doch nicht für sie erreichbar und dadurch einfach »besser« fühlen. Dennoch wusste kaum jemand je mit Sicherheit zu sagen, woher der Witz eigentlich kam. Eine Urheberschaft war nie sicher auszumachen.

Während des stalinistischen Terrors, als man allein für das Anhören eines politischen Witzes im Gefängnis landen konnte, erlebte das Genre seine Blüte. Da Protest auf andere Weise unmöglich auszudrücken war, wandelte man ihn in Lachen, zu Gelächter um, das auch die dunkelsten Zustände wenigstens zeitweise aufhellt. In einem totalitären System gibt es stets genügend Absurditäten; unter der sowjetischen und postsowjetischen Macht war dieser Stoff unerschöpflich.

Witze über Stalin tauchten schon in den frühen 1930er-Jahren auf und spiegelten vor allem seinen blutigen Kampf mit der Opposition, seine Respektlosigkeit gegenüber dem eigenen Volk, seine Dummheit und Grobheit wieder. Nach dem Zweiten Weltkrieg entstand auch in den anderen Ländern des sozialistischen Lagers eine starke Strömung bitter-ironischen Humors. Und die bekanntlich reichste Lachkultur auf einem langen Weg des Leidens ist die jüdische.

In der Novelle *Das lahme Schicksal* der Brüder Arkadi und Boris Strugatzki erkennt der Protagonist seine Ausweglosigkeit mit den Worten: »Es ist furchtbar, wenn einem eine bornierte Macht mit Schweinsborsten gegenübersteht, der weder mit Logik noch mit Emotionen beizukommen ist.« Und er rät sich selbst zu: »Mehr Ironie!« Den Hinweis nahmen die nachfolgenden Generationen gern auf. An Russlands Schulen ist das Niveau des Literatur- und Geschichtsunterrichts im internationalen Vergleich immer noch hoch, und die Jugend reagiert mit Ironie auf die Lebenskonflikte der älteren Generation. Sie ersetzt den Witz durch das Internet-Meme und hebt es auf die Stufe der Postironie.

Nach dem Zusammenbruch der Sowjetunion erlebte die politische Satire im Fernsehen, im Radio, in der Presse und auf der Bühne eine nie dagewesene Blüte, zu diesem Zeitpunkt wurden politische Anekdoten in einzelnen Sammelbänden veröffentlicht. Mit der Zeit schwand das Interesse an diesem Genre. Eine Anekdote ist nur dann gut, wenn der Gesprächspartner sie nirgendwo lesen kann, und sie lebt von den Variationen, die sie während ihres kurzen Daseins durchläuft. Der Kern bleibt Oral History. Die Politiker der 1990er-Jahre argumentierten sehr aphoristisch und humorvoll. Besonders Viktor Tschernomyrdin, der Botschafter und Premierminister, sogar stellvertretender Präsident gewesen war, stach hervor. Ich gebe zu, dass ich mich nicht gut an ihn als Politiker erinnere (ich war 14, als er die Regierung verließ), aber ganz Russland erinnert sich noch an seine berühmten Sätze: »Wir haben alle Punkte von A bis B erfüllt«, oder: »Wir wollten es besser machen, aber es ist so gekommen wie immer«, und: »Es ist noch nie passiert, und jetzt passiert es wieder«, oder auch: »Nun ja, ich habe es versprochen, aber ich habe nichts getan!« Ich glaube, im Gegensatz zu meinen Eltern habe ich die Parlamentssitzungen als Comedy-Show gesehen; meine Eltern haben zwar gelacht, doch eher bitter. Der Alltag in Tschernomyrdins Amtszeit ließ helle Freude am Politischen kaum zu.

Unter Präsident Boris Jelzin – der mittlerweile nur noch als historische Randfigur rangiert – startete der landesweite staatliche Fernsehsender NTW die Sendung *Куклы* (»Die Puppen«), die den Höhepunkt der politischen Satire darstellte: Die Puppen reagierten auf die brisantesten politischen Themen und spielten die Geschichte im Rahmen populärer Fiktion und historischer Ereignisse nach. Das Projekt wurde zwei Jahre nach Putins Machtantritt eingestellt. Es wird angenommen, dass die Folge »Klein Zaches« nicht nur die Serie zerstört, sondern NTW selbst in den Ruin getrieben hat. Die Folge stellte den neu oben angekommenen Putin als bösen und gierigen Zwerg dar, der durch die Zauberkraft der Fee Beresowski in einen schönen Mann verwandelt wird. Im Allgemeinen schätzte die neue Regierung den Humor nicht. Die Comedy-Sendung *Маски-Шоу* (»Masken-Show«), die bestimmte gesellschaftliche Strukturen parodierte: die Armee, das Gesundheitswesen, die öffentlichen Verkehrsmittel und Kundgebungen, wurde abgeschaltet. Das Animationsprojekt Тушите свет (»Mach das Licht aus«), das ebenfalls kontroverse Themen behandelte, verschwand. Einerseits war die russische Regierung den Weg der Sakralisierung der Macht gegangen, indem sie der Satire jede Möglichkeit der Personalisierung genommen hatte. Mit anderen Worten, es hat sie entmannt. Später verschwanden die Verweise auf bedeutende kulturelle und historische Artefakte aus den Comedy-Sendungen; ihre Intellektualität passte nicht in das Marktparadigma. Infolgedessen wurden das politische Fernsehen und die Popsatire eher zahnlos, fade und schäbig.

Doch selbst dieser Humor wurde von den Behörden kritisiert. Im August 2021 wurde der Stand-up-Comedian Idrak Mirzalizade, ein Aserbaidschaner aus Belarus, für zehn Tage inhaftiert, weil er einen Witz über Russen gemacht hatte. Schon vor seiner Verhaftung erhielt Mirzalizade Tausende von Drohungen in sozialen Netzwerken und wurde von zwei unbekannten Männern verprügelt, die von ihm verlangten, sich für seinen unangemessenen Humor zu entschuldigen. Die beiden Männer wurden nie gefunden. Während des Prozesses entschuldigte sich der Komiker und sagte, der Auftritt sei humorvoll gewesen »und habe in erster Linie darauf abgezielt, sich über Fremdenfeindlichkeit lustig zu machen«. Das Innenministerium erklärte ihn daraufhin auf Lebenszeit für unerwünscht in Russland. Um ehrlich zu sein, hat mir der Witz von Mirzalizade auch nicht gefallen, aber nicht wegen seines Inhalts, sondern wegen seiner Qualität. Andererseits wäre es mir nicht in den Sinn gekommen, dass eine Person verhaftet und des Landes verwiesen werden könnte, nur weil sie einen Witz gemacht hat, selbst wenn er in jeder Hinsicht scheiße war.

Im September 2021 wurden die Künstler der Online-Sketch-Show *Vitaly Nalivkin* verhaftet. Dieses Onlineprojekt wurde 2019 in Ussurijsk ins Leben gerufen und zeigt die Arbeit des fiktiven Vorsitzenden des Exekutivkomitees einer lokalen Regierungsbehörde aus Sowjetzeiten, Vitaly Nalivkin. Ich entdeckte die Show zufällig etwa sechs Monate nach dem Erscheinen der ersten Folge. Zuerst dachte ich, es handele sich um eine echte Nachricht aus dem Fernen Osten, das heißt der Grad an Absurdität war fast so hoch wie bei einer normalen Nachrichtensendung. Ob Nalivkin echt oder – ja, was bedeutet unter diesen Umständen eigentlich »echt« – gespielt ist, ist jedoch egal. Und gerade weil es das ist, ist Vitaly Nalivkin so populär, fast schon Kult, und so bedrohlich für die Macht. Die Serie geht nicht nur auf die alltäglichen Probleme der Region Ussurijsk ein, sondern auch auf große politische Skandale. So wurde im Winter 2021 die Folge »Nalivkins Palast« veröffentlicht, die auf dem Dokumentarfilm »Ein Palast für Putin. Die Geschichte der größten Bestechung« von Alexei Nawalnyj basiert. Nalivkins Palast ist allerdings eine Bruchbude, ein Quartier für Obdachlose in der Mitte der Stadt Ussurijsk. Nalivkin selbst wurde vor seiner Tätigkeit als »Vorsitzender des Exekutivkomitees« in einem Waisenhaus erzogen, diente in der Armee, saß im Gefängnis, trank viel und arbeitete als Hafenarbeiter. Manchmal kommt er auch betrunken zu den Dreharbeiten, aber die Unberechenbarkeit echter Politiker ist so hoch, dass Nalivkin nicht besonders auffällt. Die kritische Darstellung von Beamten hat in der russischen Satirekultur eine lange Tradition, sodass man sagen kann, dass Nalivkin auf den Schultern von Titanen steht. Er ist buchstäblich ein Geflecht aus journalistischen Klischees und Plattitüden, aus alltäglichen sozialen Problemen und absurden Lösungen. Die Menschen in Ussurijsk bekommen nur schmutziges Wasser aus ihren Wasserhähnen – stellt das Wasser ab, lasst es gar nicht erst hochkommen; die Straßen riechen nach Abwasser – hängt alle 5 Meter Luftbefeuchter mit Parfümspendern an Lichtmasten und Laternen auf; das Wasser an der Küste vor Kamtschatka ist verschmutzt – nehmt Desinfektionsmittel und spült genügend davon ins Meer ... Das Video, für das die Schauspieler inhaftiert wurden, erschien kurz vor den Wahlen zur Staatsduma. Dort versucht Nalivkin, mit einem Granatwerfer eine Tasche zu entschärfen, die jemand an einer Bushaltestelle zurückgelassen hat. Er schießt ein Banner von »Einiges Russland« ab. Am Ende des Videos erscheint anstelle des Wahlkampfs für die Regierungspartei ein Banner mit Nalivkins Foto, einem Aufruf, bei den Wahlen für ihn zu stimmen, und der Bildunterschrift »Ich bin hier die Macht«. Und man glaubt es kaum – die Leute haben seinen Namen bei der Dumawahl mit der Hand auf die Stimmzettel geschrieben.

Nach der Verhaftung der Schauspieler bemerkte Kremlsprecher Dmitri Peskow, dass politische Satire Satire bleiben muss und nicht die Behörden beleidigen sollte. Doch die Antwort von Peskow erklärte wie üblich nichts. Tatsächlich ist es heute schwer zu verstehen, welche Art von Scherz die Behörden beleidigen könnte und welche Art nicht. Und kann ein Witz über Korruption, niedrigen Lebensstandard und schlechte Arbeit der Abgeordneten als Beschimpfung angesehen werden? Vermutlich bedeutet die Verhaftung der Schauspieler – und bezeichnenderweise nur der Schauspieler –, dass die Behörden beleidigt waren und den Witz schlicht nicht verstanden haben. Oder sie haben ihn zu gut verstanden.

Das Schicksal des politischen Satiretheaters in Russland kann kaum als gut bezeichnet werden. Ich kann nicht sagen, dass es überhaupt kein politisches Theater mehr gibt oder dass es in Russland nie existiert hat. Es gibt das unabhängige Teatr.doc in Moskau und ein unabhängiges Theater namens KnAM in Komsomolsk am Amur. Von Zeit zu Zeit gibt es darüber hinaus einzelne Produktionen in regionalen und zentralen Theatern in Moskau und St. Petersburg zu sehen. Zu bekannten russischen Regisseuren, die mit dem politischen Theater in Verbindung gebracht werden, gehören Konstantin Bogomolow, der die Funktionäre kritisierte, Kirill Serebrennikow als Vertreter des oppositionellen Theaters, vielleicht noch Juri Butussow, Lew Dodin, Mark Sacharow, die scharf klingende Vorstellungen hatten. Diese Regisseure machen zwar kein politisches Theater, sie senden aber auf die eine oder andere Weise politische Satire. Versucht das Theater jedoch, über den Tellerrand zu schauen und sich mit der Realität auseinanderzusetzen, erfolgt schlagartig eine Reaktion. Im Jahr 2019 wurde Alexej Erschow, der Leiter des Takeaway-Theaters, festgenommen, nachdem er mit einem Plakat auf dem Roten Platz aufgetreten war, auf dem stand: »Ich bin gegen das Stanislawski-System«, und die Pussy-Riot-Musikerin Veronika Nikulschina wurde mit demselben Plakat auf dem Gelände des Moskauer Nationalparks Lossiny Ostrow festgenommen. Diese Aktion fand im Rahmen eines Theaterlabors im Taganka-Theater statt. Damals waren Proteste, bei denen ein Teilnehmer allein mit einem Plakat auf öffentlich zugänglichen Plätzen steht, nicht verboten, und der Slogan »Gegen das Stanislawski-System« ist nicht unbedingt politisch. Doch die Verhaftung der Aktionisten verlieh dem Ereignis automatisch einen politischen Beigeschmack und die Nachricht von dieser Verhaftung wurde zur politischen Satire.

Das Phänomen des russischen Theaters besteht darin, dass selbst die harmloseste Produktion als politische Geste wahrgenommen werden kann. Das ist der Moment, in dem sich das epische Theater abspielt. Nicht auf der Bühne, sondern in der Reaktion der Behörden, in Protestaktionen von Künstlern, in Verhaftungen, in Beschwerden, in Medienberichten. Im Jahr

2011 wurde in Kamtschatka versucht, das Märchenstück *Новогодние приключения Золушки* (Die Neujahrsabenteuer von Aschenputtel) zu verbieten. Im Märchen stellt der König die Uhren um eine Stunde zurück. Die Geschichte ereignete sich, kurz nachdem der Präsident die Uhren im Fernen Osten eine Stunde zurückgestellt hatte, um die Differenz zur Moskauer Zeit zu verringern. Die Menschen in Kamtschatka protestierten. Und dann lief da dieses Stück. Die Schauspieler kämpften darum, sie verteidigten ihre Arbeit, ihr Schauspiel in Kamtschatka. Und sie konnten es retten. Und es gibt Dutzende solcher Situationen. Es ist jedoch nicht immer möglich, Theaterstücke und Regisseure zu retten. Am bekanntesten ist der Fall Serebrennikow, der beschuldigt wurde, eine große Summe des Budgets von dem Theaterprojekt »Platforma« veruntreut zu haben. Der absurde Prozess stellte alle Produktionen des Gogol-Zentrums in Bezug auf das Niveau des politischen Diskurses in den Schatten. Im Versuch, einen unliebsamen Künstler mundtot zu machen, musste er überhaupt erst kriminalisiert werden; das wurde er durch den Vorwurf der Unterschlagung, die den Vorgang zum Politikum erhob. Dass der wirtschaftskriminelle Künstler per se zum politischen Verbrecher werden kann, ist auch dem Erbe Stalins zuzurechnen. In einer Gesellschaft, in der die permanente Theatralisierung = Ideologisierung der Wirklichkeit ein offener Prozess ist, ist der Herrscher zugleich Regisseur, der festlegt, wer wann wo und wie für welchen Part zu besetzen ist. Er ist Regisseur und Autor, der nicht nur die Geschichte schreibt, vor- und überschreibt, der die Sprache und noch die Sprachwissenschaft vorgibt, der führender Künstler und Kunstkritiker in Personalunion ist. Das erklärt – wenn auch nur zum Teil – die Absurdität und Sprunghaftigkeit der Beschlüsse von Justiz und Politik, wo immer es um Kunst geht.

Die theatralische Sprache selbst wirkt in europäischen Ohren ungeschickt, grob und unvollkommen, manchmal blumig und verquast, womit das durchschnittliche mittel- und westeuropäische und das nordamerikanische Publikum Probleme hat. Dabei ist sie nichts als politisch eingesetzte Rhetorik mit einem eindrucksvollen Schwanz an jahrhundertlang angewandter Tradition. Auch ist das Theater in Russland nicht politisch, sondern eher forschend. Und selbst die politischste aller Theatre.doc-Produktionen, »Berlusputin« (2012), war mehr Show als Theater, mehr Manifest als Stück. Immer noch war die große Distanz zwischen den Künstlern und dem Publikum im kleinen Theaterkeller, der die Heiligkeit eines Theaterraums mit allen vier Wänden beibehielt, vorhanden. Im Jahr 2014 gab es eine Aufführung in der Technik des Verbatims – einer Form des Theaters, bei der die Aufführungen auf einer wortgetreuen Wiedergabe der direkten Rede von realen Personen basieren – über Bolotnoe Delo, nach der das Theater aus dem Raum, den es 12 Jahre lang besetzt hatte, geworfen wurde. Und im Dezember 2014 stürmte die Moskauer Polizei die Vorführung eines ukrainischen Films über den Kiewer »Maidan«, die den ukrainischen Filmemacher Oleg Sentsov unterstützen sollte. Die Polizei nahm alle Daten der Zuschauer auf, beschlagnahmte den Computer, den Projektor und andere Vorführgeräte, nachdem sie das Kino gestürmt hatten. Theater.doc brachte viele verschiedene Themen zu den brisantesten politischen und sozialen Problemen Russlands in die öffentliche Diskussion ein. Bis 2018 wurde das Theater von Elena Gremina, einer russischen Drehbuchautorin, Regisseurin und Dramatikerin, und Mikhail Ugarov, einem russischen Dramatiker, Film- und Theaterregisseur und Drehbuchautor, geleitet. Er starb am 1. April 2018 an einem Herzinfarkt, sie starb am 16. Mai 2018 an Herzversagen. Ihr Leben, ihr Kampf um ihr Theater, war im Großen und Ganzen ein politisches Spektakel, wie der Staatsapparat oppositionelle Künstler zermalmt.

Die Künstler des KnAM-Theaters dagegen haben eine andere Erfahrung gemacht: Sie sind selbst Teilnehmer an politischen Kundgebungen, sie übertragen ihre Erfahrungen auf die Bühne, sie analysieren den modernen Menschen von heute als Produkt des sowjetischen Systems – als Homo postsovieticus. Eine Person, die ihr historisches Gedächtnis verloren hat, ein Kollektiv, eine Nation. Darum geht es in ihren Stücken *Я есть* (»Ich bin«), *Я еще не начинал(а) жить* (»Ich habe noch nicht zu leben begonnen«) und *Сухобезводное* (»Trockenwasserlos«). Und es ist wirklich eine politische Frage: »Wer bin ich?« Sie erstreckt sich vom politisierten Heute zum politisierten Gestern und sie meint ein kollektives, 145 Millionen umfassendes Ich.

In dem kleinen, in einer ehemaligen Wohnung eingerichteten Museum im »Haus am Ufer« der Moskwa (dem früheren »Haus der Regierung«) kam ich mit einer älteren Dame ins Gespräch. Sie erzählte mir, dass sie erst vor ein paar Jahren zu begreifen begann, was die Sowjetzeit ihrer Familie angetan hatte. Ihre Mutter wurde repressiert, hatte zehn Jahre in den Lagern verbracht, war nach 1955 rehabilitiert worden und hatte das Regime nie kritisiert. Meine zufällige Bekannte hielt – wie auch ihre Mutter – die Repression für völlig normal. Ein notwendiger Druck auf alle Schichten der Bevölkerung, ein Druck, ausgelöst durch die von außen drohende Gefahr. Ein Druck, um das Gute aus den Menschen zu pressen – oder umgekehrt, um das Böse herauszupressen, auf dass nur das

Gute im Menschen übrig bleibe. Ein Fleischwolfprinzip. Als ältere Frau begann sie dann Geschichte zu studieren und war entsetzt. Entsetzt war sie auch, weil sie so vieles wiedererkannte. Weil sie begriff, wie viel vom jetzigen System schon vorher existierte beziehungsweise viel früher angelegt und systemimmanent war, wie wenig sich geändert hatte. Kurz, wie weit der Rollback fortgeschritten war.

Dieses schlafende Regime der Akzeptanz der Willkür der Behörden, das in der Sowjetzeit entstanden ist, ist von den heutigen Behörden erfolgreich reaktiviert worden. Deshalb beschäftigt sich das KnAM mit der Gegenwart durch die Vergangenheit. Und dieses Theater ist auf der Suche nach seiner eigenen Sprache und seinen eigenen Mitteln, seinen eigenen Werkzeugen im gegenwärtigen kulturellen Vakuum. Vielleicht schläft, mit Walter Benjamin gesprochen, das kollektive Bewusstsein der Bevölkerung ja gar nicht, sondern träumt von »Erfahrungen, welche im Unbewußten des Kollektivs ihr Depot haben«.

Das zeitgenössische russische Theater reagiert auf sehr unterschiedliche Weise, wenn nicht auf politische, so doch auf soziale Probleme. In der russischen Theaterlandschaft hat sich eine starke und relevante Labor-Bewegung etabliert. Diese Bewegung ist besonders wichtig für das Provinztheater. Im Rahmen eines sogenannten Theaterlabors werden mehrere, meist junge und wenig bekannte freie Regisseure in das Theater eingeladen, um vier bis fünf Tage lang mit den Schauspielern des Theaters Skizzen für Aufführungen zu erarbeiten. Im Anschluss daran werden die Sketche vorgeführt und mit ebenfalls eingeladenen Theaterkritikern und dem Publikum diskutiert. Die Theaterleitung entscheidet über das Thema des Labors, das aus Klassikern, zeitgenössischen Dramen oder Dokumentationen bestehen kann. Junge Dramatiker nehmen ebenfalls an den Labors teil und halten Lesungen ihrer Stücke. Vor allem bei der Vorführung von zeitgenössischen Dramen, die verschiedene soziale Probleme aufzeigen, ist das Publikum oft empört. Ich erinnere mich, wie ich aus dem Publikum hörte: »Warum diesen Dreck im Theater zeigen?«, »Nehmt die Schwarzmalerei von der Bühne«, »Das sehen wir doch jeden Tag«. Und die Antwort von Oleg Loewsky, Theaterkritiker, Initiator und künstlerischer Leiter des Allrussischen Festivals *Реальный театр* (Realtheater): »Wie kommt es, dass man so leben, aber das nicht sehen kann?« Selbst wenn Laborarbeiten in das Repertoire der jeweiligen Theater aufgenommen werden, werden sie selten lange gespielt. Das Publikum kann sich das nicht ansehen. Man kann die Theaterlaboratorien mit Brechts Lehrstückversuchen vergleichen: Aufführungen finden nicht vor Publikum statt, weil diese speziellen Stücke vorerst nur für die Darstellenden lehrhaft sind. Sie dienen der Arbeit an der Rezeption der gesellschaftlichen Umstände und der Entwicklung der Spielweise. Bevor allerdings auf der Bühne der »Lehrstuhl für das breite Publikum« entsteht, für den Brecht arbeitete, wird viel zu schreiben, zu probieren und zu spielen sein in den immer noch von Stanislawski geprägten russischen Theatern.

2012 veröffentlichte Tatiana Frolova, Regisseurin und Gründerin des KnAM-Theaters, ihr »Tagebuch einer Putzfrau« in der St. Petersburger Theaterzeitschrift. Sie brauchte Geld, das sie auf keine andere Weise verdienen konnte, und nahm einen Job als Treppenhausreinigerin an. Dieser Text veranschaulicht in fast schon erschreckendem Maß, warum Millionen von Menschen in Russland heute kein Interesse mehr an etwas anderem als dem Überleben haben. »Ich hasse Sklavenarbeit«, schreibt sie,

> denn sie ist sinnlos und zerstört die Fähigkeit des Menschen, kritisch zu denken. Sie haben Angst vor allem – zum Chef zu gehen und zu fragen, warum sie seit Dezember keine Überstunden für das Putzen des Kellers bezahlt bekommen haben, sie würden lieber Trübsal blasen und ihren eigenen Kameraden mit ihrer Wut quälen, aber sie werden niemals meckern. [...] Sie sind sehr hübsch, wenn sie lachen, aber das ist nicht oft der Fall. Meistens

sind ihre Gesichter zusammengepresst wie Bratäpfel, als ob sie jede Sekunde mit der sehr schwierigen Aufgabe beschäftigt sind, bis zum Mittagessen, dann bis zum Abendessen und dann bis zum Morgen zu leben.

Die Mehrheit interessiert sich nicht für politische Satire, sie interessiert sich nicht für Theater und auch nicht für Politik. Die Sozialdramen mit ihrer natürlichen dramatischen Intensität werden nicht zur Grundlage einer tiefgreifenden Reflexion oder einer eigenständigen künstlerischen Aussage, sondern zu Verlängerungen der Kriminalsendungen im Fernsehen.

In einer solchen Situation ist es nicht verwunderlich, dass der Grad der Reaktion von Menschen, die noch denken, zunimmt. Zur extremen Form politischer Satire gehören auch die Aktionen von Pjotr Pawlenski, wie die Aktion *Шов* (»Naht«, 2012), bei der er in der Nähe der Kasaner Kathedrale in St. Petersburg mit zugenähtem Mund auftrat, Symbol für die fehlende Meinungsfreiheit, oder *Туша* (»Kadaver«, 2013), einer Aktion, bei der er nackt und mit Stacheldraht umwickelt in der Nähe der Gesetzgebenden Versammlung in St. Petersburg auftauchte, um die Behörden für die Unterdrückung von Bürgeraktivitäten zu kritisieren. Im Jahr 2019 fand am Vorabend des Tags der

Vaterlandsverteidiger (23. Februar) erneut in St. Petersburg eine Aktion unter dem Titel *Мясо* (»Fleisch«) gegen die Wehrpflicht statt. Mädchen in Tarnkleidung und Gasmasken, mit entblößten Brüsten, hielten Babywindeln mit eingewickelten Fleischstücken in der Hand. Die Politik der strengen Zensur von politischer Satire und Aktionismus führt zu immer schärferen und kategorischeren Aussagen der Künstler. Sie werden zu Partisanen ihres Genres. Und in den meisten Fällen ist es nach den zahlreichen Gesetzen der Russischen Föderation schwierig, den Begriff der politischen Satire von dem des Extremismus zu trennen. Pawlenski, der sich als Künstler, nicht als politischer Aktivist versteht, insistiert mit dem Mittel Kunst auf dem Begriff des Politischen, indem er die Behörden in sein Spiel integriert. Die Performance endet nicht mit der Verhaftung, sie endet erst mit dem Abbruch durch den Künstler.

Aufgrund des Mangels an legalen Plattformen konzentriert sich fast die gesamte politische Satire auf die sozialen Medien, YouTube und Telegram. Es sind junge, autoritätskritische Musiker wie Oxxxymiron, Face, Pornofilms und ice3peak entstanden. Die Lieder thematisieren die Korruption in Russland, die Armut der Bevölkerung, den Mangel an unabhängigen Massenmedien und die Zensur im Land. Oppositionelle

Videoblogger wie Yuri Dud, Ekaterina Shulman, Maxim Shevchenko und der bekannte Journalist Aleksandr Nevzorov sind im Internet aufgetaucht und üben oft harsche, in Nevzorovs Fall sogar scharfe polemische Kritik an den Behörden. »Würde die Kreuzigung Christi heute stattfinden und auf YouTube gestreamt werden, würden etwa 50 Prozent der Zuschauer entrüstet fragen: Warum hängt er so schief? Und am Fuße des Kreuzes würde sofort der hübsche Onischtschenko (ehemaliger leitender Sanitätsarzt der Russischen Föderation) auftauchen und uns in belehrendem Ton mitteilen, dass es viel einfacher gewesen wäre, wenn der Genosse rechtzeitig geimpft worden wäre« – so spricht Nevzorov mit seinen Followern auf YouTube. Während die Literatur in Büchern immer zahmer wird, schreiben Schriftsteller ätzend-satirische Blogs, die sozialen Medien sind voll von politischen Memes. Das Internet hat sich trotz aller Beschränkungen und Zensur bisher als einzige Plattform für mehr oder weniger freie Meinungsäußerung erwiesen. Zu den meistverbreiteten Protest-Memes wurde Aleksandr Nawalnyjs Prägung vom Februar 2011 »Einiges Russland – Partei der Gauner und Diebe«, die zu einem geflügelten Wort wurde, sowie »Russland ohne Putin«.

Nawalnyj als Antikorruptionskämpfer, Oppositioneller und Politiker steht seinem eigenen Meme Modell, das sich fortwährend weiterentwickelt und eine erhebliche Eigendynamik hat: Der Märtyrerblick, die zum Herz gefalteten Hände, markante Sprüche – all das wird unmittelbar ästhetisch codiert und gesendet.

Nawalnyj ist es gelungen, farbenfrohe emotionale Inhalte zu kreieren. Die goldene Klobürste (Stückpreis 700 Euro) und die Aquadisco, die er in seinem Video »Ein Palast für Putin« zeigte, wurden binnen weniger Stunden zu globalen Memes. Sein Team von der »Stiftung zur Bekämpfung der Korruption« veröffentlicht unermüdlich Memes, die sich an die wichtigsten Adressaten, junge Großstadtbewohner, richten. Die Bürste wird zum Requisit des Protests mit brachialer Metaphorik. Sie wird als Persiflage auf das Zepter des Zaren und den allgegenwärtigen Polizeiknüppel getragen oder als verlängerter Mittelfinger der Macht entgegengestreckt. Im alltäglichen Wortschatz taucht sie ebenso auf: »Ich rechne jetzt alles in Klobürsten. Ein Auto kostet 10 Klobürsten, eine Wohnung 50 Klobürsten.« Der Terminus »Akvadiskoteka« wird zur Folie, auf der »die dummen Streiche der Reichen« und Mächtigen in immer neuen Variationen satirisch attackiert werden. Begriffe und Symbole werden zu Memes, die sich wie Akkumulatoren mit Geschichte aufladen.

Zwar sind die Memes sehr kurzlebig und lösen einander schnell ab. Zu verdanken ist das einem politischen Regime, das permanent Anlässe für neue Memes liefert, doch es gibt auch langlebige Varianten. Eines der populärsten Memes ist ein Triptychon: Im linken Teil das Porträt Putins mit der Bildunterschrift: »was *in* ist«, in der Mitte ein Foto von Medwedew: »was *out* ist«, und schließlich auf der rechten Seite wieder Putin, diesmal mit dem Slogan: »was für immer ist«. Oder ein Meme, das einen Gehörlosen zeigt, der in St. Petersburg für das Rufen verfassungsfeindlicher Parolen verantwortlich gemacht wird, mit dem Hinweis: »Sogar die Stummen schreien auf!« Oder das Foto von Moskauer Häftlingen, die einen festgefahrenen Lkw anschieben, um damit zum Polizeibüro zu gelangen, garniert mit der Bildunterschrift »directed by Russia«.

Vielleicht ist keine andere Gesellschaft in der Erstellung von Memes so kreativ und produktiv wie die russländische. Man muss nicht erst die Nachrichten lesen, um sich der politischen Lage bewusst zu sein. Es reicht, den Feed einer beliebigen Gruppe eines sozialen Netzwerks durchzublättern. Seit dem Sommer 2020 haben sich die meisten Internetcommunitys politisiert, auffällig besonders im Netzwerk VKontakte, dem russländischen Pendant zu Facebook.

Memes existieren in einem bestimmten kulturellen Raum und können oft nur von den Trägern dieser Kultur entschlüsselt werden. Jede Region in Russland hat ihr eigenes Set an Memes und Internetwitzen. Deren herbe Ironie erinnert an den politischen Witz in der Sowjetunion oder zitiert ihn direkt. Die einzig mögliche Reaktion auf den Terror des sowjetischen Systems war der politische Witz, obwohl der Preis dafür 25 Jahre Lagerhaft oder der Tod sein konnten.

Heute produziert das System wieder den Anlass für den Witz oder die Anekdote, indem es immer absurdere Forderungen stellt, neue unverständliche Gesetze schafft, die in der Form komisch und im Inhalt erschreckend sind. Das russische Meme wendet sich oft der Literatur und dem Film zu und stellt sich bewusst in die Tradition der russischen, nicht nur satirischen Literatur von Puschkin bis heute.

Ende 2018 setzte eine Flut von »Reposting-Fällen« ein: Menschen wurden zu Geldstrafen verurteilt oder sogar ins Gefängnis geschickt, weil sie ein Meme geliked oder repostet hatten. Die Duma erließ eine Reihe von Gesetzen speziell zur Bekämpfung von Memes: für die Anstiftung zu Hass und Feindschaft aus rassistischen oder religiösen Gründen, für Aufrufe zu extremistischen Aktivitäten, Verletzung der territorialen Integrität der Russländischen Föderation, Rechtfertigung von Terrorismus und so fort. Wenn es sein muss, findet man in Russland noch auf dem unschuldigsten Bild mindestens ein Anzeichen für die genannten Verstöße.

Trotz zahlreicher Verhaftungen und Geldstrafen gibt es wohl kein anderes Land, in dem der Einsatz ironischer Memes aktiver ist. Man muss keine Nachrichten lesen, um die politische Lage und die Reaktionen der Bevölkerung zu kennen. Es genügt, durch die Feeds der sozialen Medien zu scrollen. Während der Januarproteste 2021 wurde sogar das TikTok-Netzwerk, das noch nie eine Fülle von politischen Inhalten hatte, politisiert. TikTok hat in Russland etwa 20 Millionen Nutzer, von denen verschiedenen Quellen zufolge 25 bis 40 Prozent minderjährig und der Rest über 18 Jahre alt sind. Im Sommer 2020 tauchten in der TikTok-App globale politische Memes auf, die mit der Vergiftung von Nawalnyj begannen und in den Empfehlungen fast aller Nutzer auftauchten. Sie wurden durch Memes über Putins Palast ersetzt. Kurz vor dem 23. Januar tauchten auch offenkundig bezahlte Inhalte auf. Dabei handelte es sich hauptsächlich um virale Anti-Nawalnyj-Videos. Nach den Kundgebungen erschienen Memes mit OMON und Rosgvardia. In TikTok ist es für politische Bots ziemlich schwierig zu arbeiten. Die App ist so konzipiert, dass es unmöglich ist, Bots durch Hashtags zu aktivieren. Es ist aber durchaus möglich, Zensur einzuführen: So wird ein Video mit 10 000 Aufrufen von einem Moderator geprüft und das weitere Schicksal des Videos hängt allein von ihm ab.

Der Umgang mit dem TikTok-Netzwerk und mit anderen videobasierten Netzwerken passt den Behörden offensichtlich nicht. Im März 2021 meinte Putin, dass er nicht zulassen könne, dass jemand Kinder benutze, »um mit der Polizei zu kämpfen und sich dann hinter den Kindern zu verstecken. Das können wir nicht zulassen. Ich möchte, dass die große Mehrheit unserer Bürgerinnen und Bürger die Gefahren für die Zukunft des Landes erkennt.« Wenn russische Teenager die Clips, in denen sie die Porträts von Präsident Putin in Klassenräumen durch Nawalnyj-Bilder austauschen, auf TikTok hochladen, muss die Regierung ihre Mitbürger selbstverständlich schützen: Das Internet wird so weit wie möglich blockiert und politische Memes werden verboten, so wie unter Stalin die politische Satire rigide bestraft oder ganz abgeschafft wurde. Die jährliche Studie der amerikanischen Nichtregierungsorganisation Freedom House zeigt, dass Russland in der Umfrage »Freedom on the Net 2021« zu den Internetfreiheiten in der Welt auf Platz 50 von 63 möglichen Plätzen liegt. Andererseits kann man froh sein, dass Russland immer noch auf der Liste der Länder mit Internet steht.

Während der achten Dumawahlen brach ein aktiver Guerillakrieg aus: Hunderttausende von Propagandaplakaten und Spruchbändern für »Einiges Russland« wurden verunstaltet, und überall wurden Flugblätter aufgehängt, die dazu aufriefen, gegen die Regierungspartei, gegen Korruption und gegen Armut zu stimmen. Es ist schon seltsam, sich *Hamlet* zum zehnten Mal anzusehen und immer noch auf ein Happy End zu hoffen. Aber alle hofften auf ein Wunder. Nach der Wahl kam es zu schleppenden und sinnlosen Protesten. Wäre es fair zugegangen, hätten die Kommunisten gewonnen, aber *Hamlet* endete wie üblich. Die Kommunisten riefen von der Tribüne: »Wir werden nicht vergessen! Wir werden nicht verzeihen!«, aber natürlich werden sie alles verzeihen und vergessen, auch wenn sie es nicht wirklich wollen. Während die Kommunisten auf dem Puschkinplatz – seit der Glasnost-Ära traditionell der Ort für Demonstrationen und Versammlungen – von den Tribünen aus faire Wahlen forderten, schalteten die Polizisten, die an der Absperrung standen, abwechselnd die Lieder *Дядя Вова мы с тобой* (»Djadja Wowa, wir sind mit dir«), *Флаг моего государства* (»Flagge meines Staates«) und *Вперед, Россия* (»Vorwärts, Russland«) ein, um die Redner zu übertönen. Und Puschkin, der bronzene Puschkin, den Dostojewski schon dort stehen sah, überragte sie alle schweigend und bedeckt von Taubenscheiße. In Ulan-Ude trugen Natalia Semenowa, Vorsitzende der regionalen Sektion der Jabloko-Partei in Burjatien, und der Aktivist Alexei Karnaukhov einen Sarg mit dem Schild »Wahlen« auf den Lenin-Platz. Die Aktivisten weinten zum Schein und verabschiedeten sich zum letzten Mal von den gefälschten Wahlen. Hinter ihren Rücken ragte der gigantische Kopf des Führers des Weltproletariats auf, der tote Gott der toten Revolution. Er schwieg genauso wie Puschkin, doch manchmal denke ich, dass es die Denkmäler in Russland sind, die sich als die aktivsten Teilnehmer der oppositionellen Bewegung erweisen.

9. Bots, Hamster und der Rest des Bestiariums

Junge: Der König ist nackt!
König: Dann sehen wir uns doch mal die Könige in den Nachbarstaaten an …

AUS DEM INTERNET

Da sich unter dem Druck von Zensur und Repression das Internet zu einer Plattform für politische Debatten entwickelt hat, wird es nicht nur von der Opposition, sondern auch von den Behörden genutzt. Sogenannte Bots gehören zu den Mitteln, mit denen im Internet gegen Dissidenten vorgegangen wird. Ursprünglich wurden Bots erfunden, um bestimmte Onlineaktivitäten zu automatisieren. Sie können automatisierte Mailings verschicken, Antworten auf Standardfragen geben, aber auch DDoS-Angriffe (Distributed-Denial-of-Service attaçks) durchführen, Webseiten hacken oder lahmlegen und so weiter. Programmbots werden auch eingesetzt, um künstliches Interesse an einem Thema zu wecken, um Kommentare und Likes zu erhöhen oder auszubremsen. Sie produzieren Hunderte von Kommentaren und vertreiben echte Nutzer von der Plattform, um die Massivität einer einzigen einheitlichen Meinung zu demonstrieren. Bots kann sich heute jeder leisten, der Geld hat. Man kann sie kaufen, um ein Konto auf Instagram zu promoten oder um Likes oder Dislikes auf YouTube zu bekommen. Aber sie sind eher primitiv und für subtile politische Spiele nicht sehr geeignet. Deshalb ist Bot seit Kurzem ein menschlicher Beruf. Aus dem rein technischen *robot* ist wieder ein menschlicher Arbeiter geworden, ein Angestellter des Staates. In politischen Spielen – im unterhaltsamen Teil dessen, was wir hybride Kriegsführung nennen – werden Bots im Allgemeinen nur sporadisch eingesetzt, aber in einigen Ländern gibt es erfolgreiche Bot-Fabriken. Zum Beispiel in Russland.

Auf den Websites von Radio Liberty, Voice of America, *Nowaja Gaseta* und anderen wurden zahlreiche Beiträge über das russische Bot-System und seine Funktionsweise veröffentlicht. Erst vor wenigen Jahren gab es auf Telegram einen Kanal mit dem Titel »Beichte eines Kreml-Bots«. Behauptet wurde, dass er von einem echten Troll betrieben wurde, einem Menschen. Der Kanal existiert heute noch, bloß ist er völlig leer.

Im Jahr 2021 erschien ein Buch von Georgy Chernavin, einem promovierten Professor, der sich auf französische und deutsche Phänomenologie spezialisiert hat, mit dem Titel *Философия тролля. Фе-*

номен платных ботов (»Die Philosophie des Internet-Trolls. Das Phänomen der bezahlten Bots«). Chernavin erzählt in Rückgriff auf den Begründer der Phänomenologie, Edmund Husserl, und den Philosophen Martin Heidegger über Realität und Irrealität, die Möglichkeit der Wahrheit zu lügen. Er glaubt, dass der Troll der Strategie Husserls folgt: Er glaubt an die Existenz der Welt, aber nicht mit ganzem Herzen. Dieser ausführliche philosophische Essay ist allein schon deshalb lesenswert, weil Bots heute tief in das System der modernen Welt eindringen und unsere Wahrnehmung stärker beeinflussen als reale Ereignisse, indem sie das Denken erfolgreich durch eingebettete Meinungen ersetzen und sie in vorgefertigte wahre Gefühle verwandeln, die als selbstverständlich angesehen werden sollen, es aber oft gar nicht sind. Das bekannteste Beispiel dafür sind die Manipulationen der öffentlichen Meinung – genauer gesagt die Produktion einer öffentlichen Meinung in einer bestimmten Richtung – durch Bots in Zeiten der Krise oder während der Wahlkämpfe in den USA oder Europa. Vergessen wir dabei nicht, dass die Bots selbst Produkt einer Krise ist.

Es gibt eine weit verbreitete und nicht unbewiesene Meinung, dass es sich bei Russlands Bot-Armee um einen ausgewachsenen Komplex namens »Internet Research Agency« handelt, die inoffiziell im Besitz von

Jewgeni Prigoschin ist, einem Geschäftsmann und Oligarchen, auch als »Putins Koch« bekannt. Die Agentur ist seit 2013 tätig und beschäftigt sich damit, kremlfreundliche Positionen in sozialen Netzwerken zu verbreiten und die Opposition zu diskreditieren. Die erste Fabrik wurde 2007 unter Aufsicht des FSB in Olgino, einem Ort in der Oblast Leningrad, dem St. Petersburger Großraum, eröffnet. Die regierungsfreundlichen Trolle werden daher gern auch Olgino-Trolle genannt. Manchmal kommt es nach Dialogen mit den Bots zu ernsthaften Gesprächen mit Kameraden aus dem »E-Center«, Mitarbeitern der Hauptdirektion für Extremismusbekämpfung des russischen Innenministeriums, und eine Vorladung flattert ins Haus. Die Bots geben ihre Identität nicht preis und verraten ihre politische Position nicht. Der Dialog mit ihnen frisst natürlich Zeit und absorbiert Energie, die man zum Beispiel in direkten Protest investieren könnte.

Bots sind eine eigene Kunstform, eine Kunst der Groteske und reine Burleske. Sie sind die absoluten Freaks des Internets. Sie hören nicht zu, argumentieren nicht und es ist unmöglich, ihnen etwas zu beweisen. Sie sind perfekte Simulakren, Doppelgänger wie Dostojewskis »jüngerer Goljadkin«, künstliche Störintelligenzen des diktaturbürokratischen Digitalzeitalters, und ihre Position reduziert sich auf die erstaunliche, jedem Menschenverstand trotzende Hyperbel:

»Wenn nicht Putin, wer sonst?« Oder: »Denkt an die Neunzigerjahre!« Oder: »Wollt ihr es wie in der Ukraine haben?« Die Bots lieben den KGB, den FSB und erinnern sich oft und gerne an Stalin. Unendlich viele »Kreml-Bots-Anleitungen« kursieren im Netz; ein Blick hinein gleicht dem Blick ins *Справочник Агитатора* (»Handbuch des Agitators«) der Kommunistischen Partei um 1950 oder in die *Ответы на главнейшие возражения против веры истинной* (»Antworten auf die wichtigsten Einwände gegen den wahren Glauben«) der Orthodoxen Kirche um 1990. Wenn die User nicht auf die Bots reagieren, existieren sie völlig unberührt fort. Sie sind ebenso autark wie die Behörden. Sie leben in einem absurden mehrstimmigen Monolog. Sie leben in ihrer eigenen Welt. Es ist das massivste immersive Theater im Web. Bots verwickeln die User in Streit, sie klammern, sie provozieren Aggressionen, aber es ist ihnen egal, was der User schreibt; die Tatsache, dass der User da ist, reicht ihnen. Und wie in einigen vormodernen immersiven Inszenierungen hält sich das Publikum in der Mitte der Bühne auf und kann sogar an der Handlung teilnehmen, nur dass es verboten ist, die Darsteller zu berühren und mit ihnen zu sprechen.

Trolle sind nicht nur in Russland, sondern besonders auch in Europa und Amerika stark vertreten. Sie sind eine Art verlängerter Tentakel der russischen in jeder Hinsicht hybriden Angriffsform, die im Sinn und im Dienst der Staatsführung agiert. Dass sie in China weniger aktiv sind, mag daran liegen, dass die chinesische Führung sich desselben Instrumentariums bedient.

Ein Freund von mir erzählt, dass deutsche Journalisten, die kritisches Material über die russische Regierung veröffentlichen, mit beneidenswerter Häufigkeit und Geschwindigkeit negative Kommentare erhalten. Aber bisher fällt es mir schwer, mir das Ausmaß der Gehirnwäsche bei ausländischen Internetnutzern vorzustellen. Bots werden vor allem bei hochkarätigen politischen Ereignissen aktiv: Wahlen in Russland, in den USA und Lateinamerika, Frankreich und Deutschland, Ukraine-Frage, Proteste, Verhaftungen von Oppositionellen und was noch so ins Tagesgeschäft fällt. 2018 veröffentlichte die Oxford University in Zusammenarbeit mit dem Analyseunternehmen Grafika eine Studie, wonach Prigoschins Trollfabrik versuchte, gesellschaftspolitische Prozesse in den USA zu beeinflussen. Dank der Bots erhalten Kommentare oder Beiträge auf Twitter oder Facebook oder Videos auf YouTube sofort Likes. Und Facebook berichtet regelmäßig über die Beseitigung von Botnetzen, wobei es sich meist um ukrainische und russische Konten handelt. Am gefährlichsten sind jedoch die Meinungsführer – die Spitze der Bot-Nahrungskette.

Sie neigen dazu, verführerisch interessante Inhalte zu erstellen und ihre Konten über einen langen Zeitraum zu entwickeln, und sie haben ein echtes Publikum. Es sind zwar nur wenige, aber sie sind äußerst effektiv bei der Verteilung der verschiedenen Aufgaben, die der Kunde benötigt. Wenn Sie also eine Information lesen, sollten Sie sie mit mindestens drei unabhängigen Quellen überprüfen. Falls Sie sich die Zeit dafür nehmen können.

Nach den Interviews mit den Bots zu urteilen, produziert jeder im Durchschnitt 120 Kommentare pro Tag, und sein Gehalt hängt davon ab. Sie arbeiten in zwei Schichten: Tag und Nacht. Einige arbeiten als Medienkommentatoren, einige in sozialen Netzwerken, einige auf YouTube und einige in ausländischen Medien. Sobald ein Thema heiß diskutiert werden soll, erzeugen sie Diskussionen, in denen Bots verschiedene Standpunkte vertreten, um den Anschein von Aktivität zu erwecken. Ein Bot kann von Hunderten von Konten aus arbeiten, jedes Konto hat sein eigenes Thema. Außerdem sind die Blogs, auch wenn sie sich mit Politik befassen, recht persönlich gehalten. Es gibt eine Abteilung für die Arbeit mit Fotos, in der Memes erstellt werden, die die Opposition mit Counter-Memes auf die Schippe nehmen. Oder es versuchen, denn der Witz bleibt bei diesen Versuchen meist auf der Strecke. Die Mitarbeiter der verschiedenen Abteilungen kommunizieren nicht miteinander, und niemand kann die genaue Anzahl und Spezialisierung feststellen. Sie erhalten etwa 470 bis 530 Euro pro Monat. Angesichts der enormen Arbeitsbelastung – die Menschen arbeiten elf bis zwölf Stunden pro Tag – und des rigiden Bußgeldsystems überleben viele nur wenige Monate. Im Grunde sind sie ebenso arme Schweine wie die Facebook-Angestellten, die für die Filterung extremer Inhalte nach den Maßstäben ihres Arbeitgebers verantwortlich sind und von dem Müll, dem sie täglich gegenübersitzen, überfordert und alleingelassen sind.

Aufgrund der Notwendigkeit, zu kommunizieren und die Diskussion zu leiten, können Bots manchmal liberale Ideen äußern. Das vermittelt den Eindruck, dass die Opposition ihre eigenen Trollfabriken aufgebaut hat. Sie nennen die Kreml-Bots »Vatniks« und reagieren auf jeden Versuch eines Dialogs: »Nawalnyj – gut gemacht!« Was nicht weniger stumpf ist. Ein Vatnik ist eine gesteppte Baumwolljacke, und im Internet-Slang jeder Mensch, der Putin unterstützt. Das Publikum der proliberalen Ansichten wird seinerseits als »Hamster« bezeichnet – für die Bereitschaft, verschiedene Arten von Internetinhalten ohne besondere Analyse zu konsumieren. Aber es ist möglich, dass liberale Bots auch in der Prigoschin-Fabrik erstellt werden, denn obwohl die Aussagen im Kern gegensätzlich sind, ist die Intonation absolut dieselbe und sie tragen die Handschrift ihres Schöpfers.

Im Februar 2021 veröffentlichte die Website von Radio Liberty ein Interview mit einem Kreml-Bot aus der Auslandsredaktion mit der Schlagzeile: »Ich war eine Frau, ein Inder und ein alter Mann. Bekenntnisse eines Kreml-Bots«, der darin sagte:

> Die Aufgabe bestand nicht darin, zu Terror und Gewalt aufzurufen. Es gab noch einen weiteren Grund: die Leser sollten denken, dass die Regierung in Amerika schlecht ist. Ist die Homo-Ehe legalisiert worden? Meine Figur, ein Baptistenpastor, ist empört: Was für eine Schande, ich kann diese Leute nicht heiraten, weil es gegen die Kirchenordnung verstößt. Medizinische Reform? Eindeutig gescheitert. Ein Polizist hat einen Schwarzen getötet? Die Regierung kann die Menschen nicht schützen. Wir waren etwa 10 Personen und haben uns bei der morgendlichen Besprechung darauf geeinigt, dass wir zum Beispiel diese 10 Artikel vornehmen und ein bisschen Wirbel erzeugen.

Das Zeitalter des Internets hat Supersimulatoren hervorgebracht, und die Imitation ist die einzige Form der Realität geworden. Das Internet neigt im Allgemeinen zur Lüge. Der Gesprächspartner bleibt oft anonym, was ihn von der Verantwortung für seine Äußerungen entbindet und den Grad der Aggression erhöht. Bots sind destruktiv, toxisch. Wenn man mit ihnen ein ernsthaftes Gespräch beginnt, kann man sich nicht nur die Laune für den ganzen Tag verderben, sondern auch echte Kopfschmerzen und erhöhten Blutdruck bekommen. Den Dialog führen sie hart, mit einer Vielzahl von Techniken kommunikativer Gewalt. Sie sind schnell dabei, den Gesprächspartner zu beleidigen, zu provozieren, zu demütigen und mit allen Mitteln aus dem Gleichgewicht zu bringen. Wie gesagt, echte Goljadkins. Ich war schon mehrmals in Gespräche mit Trollen verwickelt, als man noch nicht so viel von ihnen wusste. Es ist eine kolossale Verschwendung von Zeit und Energie und ein bedrückendes Gefühl der Enttäuschung. Und der Dialog hat kein Ende – man kommt nie zum Punkt. Wenn man lange mit dem Bot spricht, fängt er an, seinen Text zu wiederholen oder Material von Dritten ins Gespräch zu bringen und zu Themen überzugehen, bei denen er eine Reihe von zusätzlichen Argumenten verwenden kann. All diese Trollaktivitäten haben zu einem Anstieg der Aggression in den sozialen Medien im Allgemeinen geführt, und ihre Kommunikationskultur wird in vielen der Webseiten dominant, und natürlich ganz allgemein auch in der Werbung, ganz egal wo auf dem Globus.

Diese aggressive Kommunikationstechnik hat dazu

geführt, dass jede reale Person, die die Position des Kremls aufrichtig und kostenlos unterstützt, als Bot wahrgenommen wird, sodass der Beruf fast bedeutungslos wird, da ein Bot seine Meinung als traditionell ausgeben und die Meinung der Mehrheit vertreten muss. Aber die von der Propaganda erfundene Realität ist zu weit von derjenigen entfernt, in der die meisten Russen leben. Es gibt noch einen weiteren wichtigen Punkt: Die Bots glauben nicht, was sie schreiben. Sie erhalten Geld für die Anzahl der Kommentare, Likes oder Dislikes. In diesem Fall versuchen sie nicht, ihren Standpunkt zu verteidigen oder zu beweisen, sondern sie versuchen, den Abonnenten so zu verletzen, dass er sich rechtfertigt, zurückschimpft, seinen Standpunkt beweist – mit einem Wort, reagiert. Und es ist ihm egal, wie diese Reaktion ausfällt. Wenn Sie es mit einem Bot oder einfach einer giftigen Person zu tun haben, ignorieren Sie sie am besten – nicht füttern!

Russland ist natürlich nicht das einzige Land, das politische Bots einsetzt. Wie schon erwähnt, China: Wumaodan, die »50-Cent-Partei«, funktioniert nach dem Prinzip der russischen Fabrik. Im Jahr 2019 haben die chinesischen Behörden Facebook- und Twitter-Trolle eingesetzt, um die Protestbewegung in Hongkong zu perforieren. Und bis 2017 handelte das britische Unternehmen Bell Pottinger mit der Illusion der Wahrheit: Im Herbst 2016 wurde bekannt, dass das Unternehmen von der US-Regierung beauftragt worden war, gefälschte Al-Qaida-Videos zu erstellen, die die Zuschauer online verfolgen konnten. Dadurch entstand die Idee der massenhaften ISIS-Propaganda, die das Pentagon aktiv bekämpfe. Nach einer Reihe weiterer Skandale wurde das Unternehmen geschlossen.

Internetpropaganda wurde auch von den USA ausgiebig genutzt, im Rahmen des Projekts »Honest Voice« zum Beispiel, bei dem die amerikanische Regierung die öffentliche Meinung durch ein Netz von gefälschten Profilen manipuliert hat. Doch trotz zahlreicher Studien und offener Interviews ziehen es die Regierungen in aller Welt vor, ihre Trollfabriken nicht bekannt zu machen; sie alle bleiben die unehelichen Kinder der Propaganda.

Aus ästhetischer Sicht handelt die Arbeit der Bots vom Solipsismus, einer philosophischen Doktrin und Position, die durch die Anerkennung des eigenen individuellen Bewusstseins als einzige und unbestreitbare Realität und die Leugnung der objektiven Realität der umgebenden Welt gekennzeichnet ist. Genau diese Haltung ist heute für die russische Politik im Allgemeinen charakteristisch. Die Bots sind, wie die gesamte Institution der Propaganda, lediglich ein Spiegelbild davon. Aber in Wirklichkeit ist die Bot-Fabrik ein eher trauriges Schauspiel – Dutzende von müden Menschen, die für ein Taschengeld eine parallele Realität produzieren, an die sie selbst nicht einmal glauben. Der betrübte Tausendfüßler, der das menschliche Bewusstsein kontrolliert.

10. Russland – Land der erfüllten Dystopien

Die Beziehung des menschlichen Lebens auf den Lebenden noch bis in seinen Untergang hinein, der unermessliche Abgrund des Kraters, aus dem gewaltige Kräfte sich einmal menschlich groß entladen könnten, ist die Hoffnung des russischen Volkes.

WALTER BENJAMIN, »›Der Idiot‹ von Dostojewskij«

Das heutige Russland ist die weltweit größte Fundgrube für Schriftsteller-Absurdisten und -Anti-Utopisten: Man kann direkt an der Quelle arbeiten, ohne etwas erfinden zu müssen. Das gilt für alles Absurde, im komischen wie im tragischen Sinn. Doch leider ist die Nachrichtenflut so turbulent, dass es fast unmöglich ist, alles zu verdauen. Schade, es wäre ein prächtiger Roman geworden. »Russia today«, der Roman des Absurden: Im 23. Jahr der Entwicklung des Putinismus schmachtete der Schamane Gabyschew in einem psychiatrischen Krankenhaus in Jakutsk, wo er nach seinem zweiten Marsch auf Moskau, mit dem Ziel, Putin aus dem Kreml zu vertreiben, untergebracht war. In der Hauptkirche der Streitkräfte der Russischen Föderation brannte eine Lampe mit der Ewigen Flamme vom Grab des Unbekannten Soldaten. Siegesparaden ersetzten die Kreuzprozession. Russland wurde zu einer eigenständigen Zivilisation erklärt, und der Präsident des Landes kämpfte mit aller Kraft gegen den Anstieg der Preise für das »Borschtsch-Set« – Kartoffeln, Karotten und Kohl – an. Ein halb vergifteter namenloser, an Verfolgungswahn leidender Blogger und andere Terroristen und Extremisten wurden inhaftiert, egal ob sie alt, herzleidend, schwanger oder jugendlich waren. Es war verboten, zu protestieren, mit Plakaten oder ohne auf der Straße zu stehen, regierungsfeindliche Mienen, Gedanken oder Meinungen zu haben, Kritik zu äußern, in geschlossenen oder offenen Gruppen über die Regierung zu diskutieren, die Regierung um Hilfe zu bitten und überhaupt Kontakt mit ihr zu haben, und französischen Champagner aus der Champagne weiterhin Champagner zu nennen.

Dafür dürfen die Bürger Totholz und Birkensaft auf vorher gepachteten Grundstücken sammeln und zapfen, sie dürfen für die Partei und den Präsidenten stimmen, positive nationale Lieder singen und kulturelle und historische Werte bewahren. Speziell für die Einhaltung der Rechte und der Freiheit der Bürger auf den Straßen der Städte und Siedlungen mit Elektroschockern und Schlagstöcken marschieren Armeen der Nationalgarde. In allen sozialen Netzwerken korrespondieren die vom Staat bezahlten Bots miteinander, anderen Nutzern wird dringend empfohlen, sich gemäß Artikel 282 des Strafgesetzbuchs der Russischen Föderation (Bildung extremistischer Vereinigungen) besser nicht zu beteiligen. Die Bots diskutieren über heikle soziale und politische Themen, wobei diejenigen, die für die Liberalisierung sind, später zu einer terroristischen Organisation werden können. Das Lesen von Oppositionsbeiträgen wird mit Extremismus gleichgesetzt, das Lesen ausländischer Literatur mit Verrat am Vaterland. Die zentralen Fernsehsender reden darüber, wie schlecht die Menschen im Westen leben und aus Neid und Missgunst versuchen, die Grundlagen des russischen Staates zu zerstören. In der Region Irkutsk marschiert die Jugendarmee zu Ehren von »Putins Ära«, während in Nowosibirsk Wettbewerbe um das schnellste Ausgraben von Gräbern abgehalten und die Reliquien von Alexander Newski auf einem gepanzerten Mannschaftswagen durchs Land kutschiert werden.

Es ist wie im Märchenstück *Der Drache* von Jewgeni Schwarz. Das heißt, so ist es immer noch. Oder schon wieder. Schwarz schrieb sein Stück 1943 als Satire auf die Tyrannei und Untertänigkeit, mit der damals, in dem Jahr, als die Schlacht um Stalingrad tobte, nur Hitler gemeint sein konnte. Trotzdem wurde das Stück nach der Moskauer Uraufführung verboten. Die Parallele zum eigenen System, das »stalinistisch« gar nicht erst genannt werden durfte, war zu stark. Im Stück hat sich nach dem Tod des Drachen nichts am Staat geändert, der Bürgermeister hat die Macht übernommen und das Volk gehorcht immer noch gehorsam der Tyrannei. Ganz am Ende sagt der Ritter Lancelot: »Die Arbeit, die zu tun ist, ist seicht. Schlimmer noch als Stickerei. In jedem von ihnen muss ein Drache getötet werden.« So ist es auch in Russland. Die Zeiten ändern sich, ein Tyrann wird durch einen anderen ersetzt, und jeder muss den Drachen in sich selbst töten, um den Lauf der Geschichte zu ändern.

Russland bereitet sich darauf vor, eine weitere Krise zu überwinden und seine eigene Produktion vor allem an Konsumgütern aufzustocken. Der Verteidigungsminister versprach, Russland »von Importen zu befreien«, und die Russen begannen sich darauf vorzubereiten und warfen alle Waren aus China, Taiwan, Indien, Indonesien, Deutschland, Japan und Korea in den Müll. Jetzt stehen sie nackt in der Mitte ihrer leeren Wohnungen und warten. Bald wird die Nationalgarde kommen und sie zum Bau neuer Städte in Sibirien und auf der Baikal-Amur-Magistrale mitnehmen. Das Wichtigste im Land des entwickelten Putinismus ist, dass man es nicht allzu eilig hat zu sterben. Im Moment ist Sterben ziemlich teuer. Wir warten, bis die Preise für Särge sinken.

Ja, es ist ein Klischee, es ist traurig, irgendwie auch eintönig und man hätte es gern anders, aber die Nachrichten aus Russland werden immer schlechter. Es ist beängstigend, morgens das Handy einzuschalten und durch die aufploppenden Nachrichten zu scrollen: Wieder ist jemand inhaftiert worden, wieder wird jemand des Terrorismus beschuldigt, wieder als Extremist oder Vaterlandsverräter bezeichnet. Bald dürfte es einen Bauboom geben – die Nachfrage nach Gefängnissen steigt unaufhörlich. Offenbar ist es das, was Putin meinte, als er ankündigte, er habe eine Lösung für das Wohnungsproblem gefunden. Die Gehälter der Angestellten der Sicherheitsdienste steigen – die Gehälter von Ärzten, Lehrern und Kulturschaffenden stagnieren auf dem ohnehin schon niedrigen Niveau. Und wahrscheinlich, wahrscheinlich wird das alles eines Tages ein Ende haben. Aber nicht jetzt. In der Zwischenzeit kann die fortschrittliche Weltöffentlichkeit sich entrüsten, lautstarke Erklärungen abgeben und weiterhin russisches Öl und Gas kaufen und gemeinsam Pipelines durch Land und Meer ziehen. Putin ist nicht ewig, nicht ganz zumindest, Gott sei Dank. Doch es scheint unwahrscheinlich, dass die Russen gegen diese selbstbestimmte Ewigkeit vor Ablauf ihrer Halbwertszeit etwas tun können. Sich gegen die Behörden zu stellen mit dem Wissen, dass man geschlagen, verstümmelt, vergewaltigt und gefoltert werden kann oder dass es jederzeit die Angehörigen treffen kann, das schaffen nur die wenigsten.

Das heutige Russland kann zu Recht als ein Land der erfüllten Dystopien bezeichnet werden. Das populärste Werk der letzten Jahre ist George Orwells *1984*. Es ist auch das am häufigsten zitierte. »Der Wahlspruch der Partei lautet: Wer die Vergangenheit kontrolliert, kontrolliert die Zukunft. Wer die Gegenwart kontrolliert, kontrolliert die Vergangenheit. Wer die Gedanken kontrolliert, kontrolliert die Realität!«

Der russische Präsident lässt sich bei seiner Arbeit offensichtlich von dieser Ansicht leiten. Im Sommer 2021 unterzeichnete er einen Erlass zur Einrichtung einer interministeriellen Kommission für historische Bildung. Der Präsidentenberater Wladimir Medinski wurde zum Vorsitzenden der Kommission ernannt. Medinski war 2012 bis 2020 Kulturminister in Medwedews Regierung. »Ich denke«, dachte Medinski laut, »dass nach all den Katastrophen, die Russland im zwanzigsten Jahrhundert heimgesucht haben, vom Ersten Weltkrieg bis zur Perestroika, die Tatsache, dass Russland immer noch überlebt und sich entwickelt, zeigt, dass unser Volk ein zusätzliches Chromosom hat.« Mit anderen Worten: Nationale Trisomie.

Sogar Saltykow-Schtschedrin sagte in seiner *Ge-*

schichte einer Stadt, dass die »Bildung mäßig eingeführt und Blutvergießen so weit wie möglich vermieden werden sollte«. Ob sich das in Russland vermeiden lässt – ich weiß es nicht. Wozu Medinskis Kommission eingesetzt wurde, lässt sich an ihrem Namen ablesen, sie heißt »Kommission zur Verhinderung der Fälschung der Geschichte zum Schaden der Interessen Russlands« und es geht um die Verteidigung der nationalen Interessen Russlands, um die Reinhaltung des historischen Gedächtnisses. In der Regel sind die, die am lautesten nach Moral schreien, die übelsten Schurken, was keineswegs nur die russischen Schurken betrifft. Aber da es keine einzige unabhängige Geschichtsschule auf der Welt gibt, keinen einzigen unabhängigen Forscher, dessen wissenschaftliche Ansichten mit dem Geschichtskonzept von Medinski-Putin übereinstimmen, werden sie über die Bewahrung der historischen Werte wachen bis zum Gefängnis und zur Zwangseinweisung. Bezeichnenderweise war die sowjetische Ideologie auf einer erstrebenswerten utopischen Zukunft aufgebaut, während die putinistische Ideologie auf einer Utopisierung der Vergangenheit beruht. Wir können auch sagen, dass der Gedanke an die Zukunft aus dem öffentlichen Bewusstsein eliminiert wurde. Indem sie die Geschichte parasitiert, versucht die Propaganda sogar, den gegenwärtigen Kampf zwischen Russland und dem Westen im Sinne dieses verkürzten Modells zu betrachten, und zwar aus der Perspektive des Kampfes zwischen der UdSSR und dem faschistischen Deutschland, das heißt des Kampfes zwischen dem absolut Guten und dem absolut Bösen. Aus russischen Märchen wissen wir, dass das Gute immer über das Böse triumphiert. Und es triumphiert mit Gewalt.

Orwell lieferte nicht nur das wunderbare Konzept des Primats der Vergangenheit über die Gegenwart, sondern auch eine neue Definition von Dissens, des Gedankenverbrechens, im englischen Original: *thoughtcrime*. Es ist das schwerste Verbrechen in Orwells totalitärem Staat Ozeanien. Jeder unbedachte Gedanke, jede unbedachte Geste oder jedes Wort fällt unter dieses Konzept. Jede *thoughtcrime* ist damit automatisch ein *precrime*, eine Tat vor der Tat. Ein Gesichtsausdruck, der aus der Sicht der Ideologie der herrschenden Partei falsch ist, ist schon eine Form von Gedankenverbrechen – ein Gesichtsverbrechen. Gedankenverbrecher werden in Ozeanien von einer speziellen repressiven Organisation, der Gedankenpolizei, verfolgt, und die Beschuldigten werden im Ministerium für Liebe verhört. Das russische Ministerium für Liebe heißt Föderaler Sicherheitsdienst, man lernt dort, sehr überzeugend sein Heimatland zu lieben.

Wenn wir das heutige Russland in seiner Gesamtheit beschreiben wollen, seine soziale und politische Struktur, seine Lebensweise, seine soziokulturellen Prozesse, dann ähneln sie der Literatur von George Orwell, von Jewgeni Samjatin, Ray Bradbury, Arkadi und Boris Strugatzki, Aldous Huxley, Wladimir Woinowitsch und Franz Kafka sehr. »Als Gregor Samsa eines Morgens aus unruhigen Träumen erwachte, fand er sich in seinem Bett zu einem ungeheuren ausländischen Agenten verwandelt« – so könnte es auch heute geschrieben sein, und auch die Haltung der Umgebung zu »Gregor« wäre in etwa die gleiche wie in Kafkas Roman.

Das Russland von heute ist eine kafkaeske Welt ohne Zentrum, mit einem reduzierten Koordinatensystem, ein endloser absurder monströser Traum. Und es gibt keinen Weg, aus ihm herauszukommen, und keinen Weg, unbeschadet aufzuwachen. Warum ist all das zur russischen Realität geworden? Liegt es wieder an der russischen Seele? An Dostojewski? In Wirklichkeit ist es nicht so, oder nicht ganz so, denn die russische Seele ist ein Produkt der Zeit; es gab überall eine Zeit der Tyrannei und des Totalitarismus: in Italien, in Deutschland, in Frankreich, in England. Aber kein Volk hat so lange in einem Zustand der ewigen Angst gelebt. Diese Angst wurde über Generationen hinweg genährt, sie ist in der Haut, in der Denkweise, im Verhalten verankert. Sie kann nur durch Rationalität ausgerottet werden, aber das moderne Russland tut sich schwer mit Rationalität und Logik. Diese Welt existiert nach den Gesetzen der Kafka-Irrationalität. Deshalb ist der Kafkaismus unter russischen Intellektuellen so in Mode. Die Diktatur ist für die meisten Menschen eine sehr bequeme Regierungsform. Jede Gesellschaft braucht einen starken Führer, und eine Gesellschaft, die nicht zur Freiheit bereit ist, ist bereit, diesem Führer das letzte Wort zu überlassen, um nicht selbst Entscheidungen treffen zu müssen. Im Roman *Der Proceß* erzählt der Geistliche dem Protagonisten das Gleichnis vom Gesetz: Ein Dorfbewohner kommt zum Gesetz, aber er kann nicht hineingehen; der Türhüter steht vor dem Eingang und sagt, dass er den Mann jetzt nicht eintreten lassen kann. Der Dorfbewohner kann jedoch selbst hineingehen – das Tor des Gesetzes ist nicht verschlossen, von Saal zu Saal stehen jedoch Türhüter, einer mächtiger als der andere. Der Dorfbewohner weiß das nicht und beschließt, auf die Erlaubnis zu warten. So wartet er bis an sein Lebensende. An der Schwelle des Todes fragt er den Türhüter: »Wieso kommt es, daß in den vielen Jahren niemand außer mir Einlaß verlangt hat.« Und der Türhüter antwortet: »Hier konnte niemand sonst Einlaß erhalten, denn dieser Eingang war nur für Dich bestimmt. Ich gehe jetzt und schließe ihn.« Genauso verhält es sich mit einer Gesellschaft, die nicht bereit ist, eine Entscheidung zu treffen. Sie muss an der Türschwelle warten. Sie vergeht auf der Schwelle.

Das Rezept für die Schaffung einer solchen Gesellschaft findet sich bei Orwell wieder. *1984* – ein Roman des Plakativen und der Einfachheit, eine Art literarisch-parabolischer Primitivismus – beantwortet die Frage: Warum leisten die Menschen keinen Widerstand? Es ist ganz einfach: Die Partei will nicht die Ideologen, sie will die Gebrochenen, sie will Menschen mit Stockholm-Syndrom. Sie werden gefoltert, gequält, zum Verrat gezwungen, um ihren Willen und ihre Fähigkeit zum Widerstand zu brechen. Die Partei, das war einmal die KPdSU, jetzt ist es die kompakte Melange aus »Einiges Russland«, dem Filz der Behörden plus FSB, ausgesprochen: Federalnaja sluschba besopasnosti Rossijskoi Federazii. Und der Chef dieses Dienstes an der Föderation ist ein Mann, der öffentlich die Stalin'schen Repressionen der 1930er-Jahre als rechtmäßig und gerechtfertigt bezeichnet.

Die Wahrheit gibt es in dieser Welt nicht. Egal, wer die Parolen schreit, ob rechts oder links, sie kämpfen um die Macht, was bedeutet, dass ihre Wahrheiten nur das Ergebnis von Manipulation sind. Und jeder Oppositionelle in dieser Gesellschaft kann sich als Provokateur erweisen. Und jeder trägt »die Wahrheit« als Maske vor sich her. Das mag überall so sein, doch wo die Freiheit der Rede und der Meinungsäußerung gilt, kann zumindest der Versuch gemacht werden, die Maske straffrei zu lüpfen.

Natürlich ist es Tradition geworden, Orwell und Kafka zu zitieren, dennoch verschlagen die Ähnlichkeiten von Literatur und Realität einem den Atem. Natürlich sind sie nicht die einzigen mit diesen Ähnlichkeiten, in Boris und Arkadi Strugatzkis *Es ist schwer, Gott zu sein* gibt es eine Figur namens Don Reba. Nur eine Figur, nichts Außergewöhnliches, nichts Denkwürdiges,

> höflich, galant zu den Damen, ein aufmerksamer Gesprächspartner, der jedoch nicht mit besonderen Gedanken glänzt [...], vor drei Jahren tauchte er aus irgendwelchen muffigen Kellern der Palastkanzlei auf, ein kleiner, unscheinbarer Beamter, dienstbar, blass, sogar etwas bläulich. Dann wurde der damalige Erste Minister plötzlich verhaftet und hingerichtet. Einige Würdenträger, wahnsinnig vor Schreck und unfähig, irgendetwas zu begreifen, wurden zu Tode gefoltert, und es war, als ob dieses hartnäckige, gnadenlose Genie der Mittelmäßigkeit auf ihren Leichen wie ein riesiger, bleicher Pilz wuchs. Er ist ein Niemand. Er kommt von nirgendwo her. Das ist kein mächtiger Geist unter einem schwachen Herrscher, wie ihn die Geschichte kennt, kein großer und schrecklicher Mann, der

sein Leben der Idee widmet, um im Namen der Autokratie für die Einigung des Landes zu kämpfen. Er ist kein goldverliebter Zeitverschwender, der nur an Gold und Frauen denkt, der rechts und links um der Macht willen tötet und regiert, um zu töten. Sie flüstern sogar, dass er gar nicht Don Reba ist, dass Don Reba ein ganz anderer Mensch ist, nicht dieser Gottweißwer, ein Werwolf, ein Doppelgänger, ein Wechselbalg ...

Erkennen Sie, liebe Freunde der fantastischen Literatur, die Figur? Ja. Ja! Dieser Don Reba organisiert übrigens eine »Sicherheitsgarde« – die »Grauen Truppen« –, und seine Hauptaufgabe ist es, die Kultur auszurotten und das Graue zu pflanzen.

Als Putin an die Macht kam, sagten meine Eltern: Seltsam, er kommt aus dem Nichts. Eine unbekannte Persönlichkeit. Und die zahlreichen Geschichten über Doppelgänger? Ist es Putin oder nicht Putin? In dem Maß, wie sich die in der Literatur beschriebene sowjetische Geschichte wiederholt, verliert die Gegenwart jede Realität: Sie vervielfältigt sich, wächst, spiegelt sich selbst, und es ist nicht mehr zu unterscheiden, wo das Geschichtsbuch endet und der dystopische Roman beginnt. Hinzu kommt die traditionelle Absurdität eines jeden totalitären Regimes. Deshalb ist es leicht, in einer solchen Welt den Sinn für die Realität zu verlieren, und ebendeshalb scheint sie so literarisch zu sein, dass man sie nach den Maßgaben der Kunst messen will, weil sie sich nicht mit Vernunft und Logik messen lässt.

Der Philologe Boris Lanin, ein Spezialist für sowjetische und zeitgenössische Literatur, hat die interessante Beobachtung gemacht, dass ein Pseudokarneval zum strukturellen Kern der Anti-Utopie werden kann. Der grundlegende Unterschied zwischen dem von Michail Bachtin beschriebenen klassischen Karneval und dem Pseudokarneval der totalitären Ära besteht darin, dass der Karneval auf ambivalentem Lachen basiert, während der Pseudokarneval auf absoluter Angst beruht. Das ist es, was diese besondere »dystopische Welt« ausmacht: Der Wechsel zwischen Angst und Ehrfurcht vor der Macht gibt einen bestimmten Pulsschlag, ein rhythmisches Muster vor. Deshalb ermöglicht die Suche nach Feinden und die Suche nach einem Volksfeind endlich eine kleine Atempause von der Angst: Ich bin nicht derjenige, der verhaftet wurde, ich bin nicht derjenige, der ins Gefängnis geht. Die Grundlage für die Weitergabe von Ideologie ist eben die Karnevalstradition: vom offiziellen Teil der Elitenkommunikation, Reden, Paraden usw., bis hin zu bestimmten obligatorischen Ritualen des Alltags. Die Protagonisten der Dystopie leben nach den Gesetzen der Attraktion, denn alle Teilnehmer des Karnevals sind sowohl Zuschauer als auch Schauspieler. Die Handlung selbst basiert auf einer von Sergej Eisenstein eingeführten Montage von Attraktionen, die die sensopsychologische Wirkung auf den Leser oder Zuschauer mit mathematischer Klarheit orchestrieren. Gleichzeitig wird die von der Propaganda verbreitete Utopie zu einer Anziehungskraft, zu einer Ideologie, die sich ständig reproduziert.

Der Mensch als Individuum existiert in der dystopischen Welt nicht, er ist nur ein Mittel, ein Teil der Masse. Nur wenn die Bürger eine soziale oder politische Hierarchie bilden und eine aktive Mehrheit darstellen, können demokratische Freiheiten verwirklicht werden. Eine schwache Gesellschaft braucht immer einen Anführer, der die »Last der Verantwortung« trägt. Der »Massemensch« lebt unter dem Einfluss von Überzeugungen, die von der Masse geteilt werden, und jeder, der sich diesen Überzeugungen widersetzt, scheint der Feind zu sein. – »Sind es Menschen oder nicht? Was an ihnen ist menschlich? Einige werden auf der Straße abgeschlachtet, andere sitzen zu Hause und warten pflichtbewusst, bis sie an der Reihe sind. Und alle denken: Jeder, nur ich nicht. Die kalte Brutalität derer, die schlachten, und der kalte Gehorsam derer, die geschlachtet werden« sind die Waagschalen, die jede Dystopie in der Balance halten. Arkadi und Boris Strugatzki haben über uns heute geschrieben. Es ist nicht nur schwer, ein Gott zu sein, es ist auch manchmal schwer, an ihn zu glauben, besonders, wenn er tot ist.

Der russische Staat macht deutlich, dass wie in der Sowjetunion das Individuum keine Rolle spielt. Der Einzelne kommt nur als Bestandteil einer Masse in Betracht, und die Masse muss gelenkt werden – jeder Einzelne, der ausschert, stellt eine potenzielle Gefahr dar. Selbst der Komfort, den die Einwohner des heutigen Russlands haben, ist eine Folge des Funktionierens der Marktwirtschaft und nicht der Fürsorge des Staates. Der Staat ist nur um seine eigene Größe und den Machterhalt besorgt.

Im Geist der Dystopien hat der russische Staat auch Gefühle legitimiert. Er schreibt uns vor, worauf man stolz sein darf, worüber man trauern muss und worüber man lachen darf. Und er verankert die Gesetze in rituellen Paraden, Gerichtsprozessen und öffentlichen Reden. Der Staatsapparat prägt das Verhalten der Masse und produziert Angst vor dem Anderssein. In einem der Abschnitte des aktuellen Markenbuchs, einer Website, die öffentliche Dienstleistungen anbietet, heißt es, dass die auf der Website veröffentlichten Fotos »einfach, freundlich, offen und positiv« sein sollten, wobei Bilder »übermäßig positiver Emotionen und von Gruppenausgelassenheit« zu vermeiden seien. In Russland muss man sich in Maßen und allein freuen, sonst wird der Staat sofort misstrauisch.

Der Literaturwissenschaftler Leonid Heller versteht »eine Zeit der Utopie als eine Zeit der Korrektur der Fehler der Gegenwart, eine Zeit, die sich zumindest in ihrer Konzeption qualitativ von der Gegenwart unterscheide«, wohingegen nach Boris Lanin Anti-Utopien »eine Zeit der Sühne für die Sünden einer inkarnierten Utopie sind, einer Utopie, die in der Vergangenheit inkarniert wurde«. Lanin selbst, der 1993 seinen Artikel »Анатомия литературной антиутопии« (»Die Anatomie einer literarischen Anti-Utopie«) veröffentlichte, formulierte darin seine Hoffnung, dass die Anti-Utopie, die erst seit Kurzem in Russland als literarisches Genre gilt, weiter erforscht werden würde. Es ist aber unwahrscheinlich, dass der Autor dies tatsächlich erwartet hat. Im Internet kursiert seit Langem ein Meme, das eine Wand vor dem Flughafen mit einem Schild zeigt, auf dem steht: »Wer Russland als Letzter verlässt – nicht vergessen, das Licht auszuschalten!«

Systeme wie das in Russland aufgebaute sind hoffnungslos, sie sind weder sozial noch wirtschaftlich effektiv. Schon heute ist dieser Zusammenbruch sichtbar, da das Sozialsystem nicht in der Lage ist, die wachsenden Probleme zu bewältigen. Seit Anfang 2021 hat es in verschiedenen Städten und Regionen Russlands etwa 30 Gasexplosionen gegeben, Dutzende von Menschen wurden verletzt, es gab Tote. Diese alten Gasleitungen sind zu einer Metapher für ein schlecht funktionierendes, korruptes und verrottendes System geworden. Die Ausbeutung des Landes neigt sich dem Ende zu, auch die menschlichen, natürlichen und technischen Ressourcen gehen zur Neige. Und das zu einer Zeit, in der auf allen föderalen Kanälen von technischen und wirtschaftlichen Durchbrüchen die Rede ist, zu einer Zeit, da vor dem Hintergrund blumiger Reden Inflation und Armut kontinuierlich steigen und die Kosten für Medizin und Bildung gekürzt, die Ausgaben für die Sicherheitskräfte jedoch erhöht werden.

Es scheint zu sehr Klischee, um wahr zu sein ... aber so ist es immer gewesen, so wussten wir es, und nicht nur in Russland, überall im zerfallenden Ostblock, nachdem der Eiserne Vorhang zusammenfiel wie die ausgediente Karosserie eines materialmüden Gefährts, das nicht mehr vorwärtskam. Und so war es auch schon all die Jahrhunderte zuvor – mit einer Ausnahme, als 1917 die große Revolution kam und alles mit viel Blut gewaschen wurde, und es – ja, nur für zu kurze Zeit – so aussah, als ob jetzt wirklich, wirklich alles anders würde, keine Armen, keine Reichen, kein Oben, kein Unten, alle gleich. Ein paar Millionen haben dran geglaubt, und ein paar Millionen haben daran glauben müssen. Was für ein Dreck, könnte man meinen. In *Exodus*, Pjotr Silaevs rasendem Roman-Pamphlet über die sowjetische Generation X –

meine Generation, die der um 1985, mit der Perestroika in die Welt gekommenen, der letzten sowjetischen und zugleich ersten postsowjetischen Generation –, meint die Stimme des Autors, dass doch alles wie früher sei:

> [N]ur keine Illusionen. Die Krüppel sind erschaffen, um zu leiden, die Armen, um zu ackern und zu überleben. Das ist so einfach wie das Einmaleins. Kranke sind erschaffen für Krankheiten, Waisen für Kinderheime, Rentner fürs Alter, Behinderte für Qualen, Narren fürs Lachen. Alles das Gleiche und ganz einfach, ich brauche nicht eure Märchen und Phantastereien, zusammengesponnen aus dem Nichts. Das haben sich alles die Schlauköpfe ausgedacht, die mit den Businessplänen und iPhones, Talenten und Stipendien, sie belächeln euch und sehen zu, wie ihr herumkrebst und euch tröstet. Das Paradies gibts nicht und wirds nie geben, vergesst den Scheiß.

Vergessen wir den Scheiß, machen wir weiter.

Es gibt nach wie vor endlose Kriegsängste, Übungen an der ukrainischen Grenze, demonstrativen Abbruch der Beziehungen zur NATO, pseudodiplomatische Spiele. Erklärungen von unterschiedlichem Ausmaß an Dummheit und politischer Zügellosigkeit.

Aber der Krieg, eine Art Phantom, das auf der Schwelle steht, durch alle Fenster späht und uns im Nacken sitzt, erlaubt es, die Unzufriedenheit im Land einzudämmen. Am Horizont taucht das furchterregende *Rote Lachen* von Leonid Andrejew auf, eine Kurzgeschichte eines russischen Schriftstellers, die vom Russisch-Japanischen Krieg 1904–1905 inspiriert ist und deren gesamter kurzer Text ausschreit, dass der Krieg Wahnsinn und Horror ist. All diese Paraden mit militärischer Ausrüstung an Siegestagen, all diese Verkleidungen von Kindern in Militäruniform, Fotos mit Spielzeugwaffen in der Hand, mit einem Schild »T-34« auf den Kinderwagen und Aufklebern auf den Autos: »1941–1945, wir können's wiederholen«. Es gibt also jemanden, der daran glaubt, der Hunger, Tränen und Tod wiederholen will, der seine Kinder als Invaliden sehen will, weil der Krieg alles andere nicht zurückbringt. Die Menschenrechtsorganisation »Soldatenmütter von St. Petersburg« kündigte die Einstellung ihrer Aktivitäten zur Unterstützung von Soldaten an. Diese Entscheidung steht im Zusammenhang mit der vom FSB genehmigten Liste von Informationen, für deren Sammlung und Veröffentlichung man als ausländischer Agent anerkannt oder strafrechtlich verurteilt werden kann. Was für eine Zeit, was für eine fürchterliche, feindliche Zeit, in der selbst Mütter aufgeben. Zu dieser Zeit gehören die täglichen Verhaftungen von Menschenrechtsverteidigern, Aktivisten und Andersdenkenden, Durchsuchungen, Geldstrafen, Inhaftierungen. Sogar Familienangehörige von Oppositionellen können jetzt verhaftet werden, die Sippenhaft ist zurück. Ebenso der Einsatz von Strafpsychiatrie, der wachsende Spionagewahn, die Willkür der Sicherheitskräfte und die Zunahme der Polizeibrutalität. Das Verbot der Aufklärung und die Umschreibung der Geschichte. Das Fehlen von Wahlen und Putins legalisierte Dauerherrschaft. Die Aufforderung an die Beamten, Propaganda, Zensur und Staatsideologie zu stärken. Die Weigerung, die Urteile des Europäischen Gerichtshofs für Menschenrechte umzusetzen, das Gerede über die Aufhebung des Moratoriums für die Todesstrafe. In den Gefängnissen und auf den Polizeistationen werden Menschen gefoltert und ermordet; gleichzeitig wird im offiziellen Fernsehen behauptet, die russischen Gefängnisse seien lediglich Sanatorien mit Erziehungseffekt. Die Zunahme der Kriminalität nimmt kaum zu beschreibende Ausmaße an, es ist nur noch beängstigend, nachts auf die Straße zu gehen, ach, auch tags: Entweder werden Sie von Banditen aufgeschlitzt oder die Polizei steckt Sie ins Gefängnis. Und Lügen. Überall Lügen. Staatliche Lügen. »Mein Gott«, flehen nicht nur die Gläubigen, »mein Gott, wann wird das enden?« Das Fernsehen antwortet mit der Stimme des Patriarchen

Kirill von Moskau und ganz Russland, der sagt, dass wir nur das Internet abschalten müssen, und dann wird sich in den Köpfen der Menschen alles wieder normalisieren. Sie werden sich an diesen Horror gewöhnen und es wird nichts geben, womit sie ihn vergleichen könnten.

Zwei Nachrichten aus dem Jahr 2021 veranschaulichen das Konzept der Entwicklung Russlands im Rahmen des Putinismus wie wenig andere: Im Dorf Schtschapowskoje bei Podolsk, nicht weit von Moskau, wird der größte Friedhof Europas mit angeschlossenem Krematorium gebaut. Da es in Moskau schwierig ist, Bestattungen durchzuführen, weil das Land sehr teuer ist, wird es sehr bald möglich sein, eine halbe Million Menschen zu günstigeren Konditionen auf dem neuen Friedhof zu begraben.

Außerdem ist geplant, bis 2024 ein Supergefängnis zu schaffen, das mehrere Arten von Strafregimes vereint: Untersuchungsgefängnis, Strafkolonien aller »Regimes«, Siedlungskolonie usw. Das Gefängnis wird eine Fläche von mehr als 100 Hektar einnehmen. So müssen wir uns die verbriefte Zukunft des Landes vorstellen: ein Friedhof und eine Strafkolonie zu werden.

PS.

Für meinen Tod bitte ich, die Russische Föderation verantwortlich zu machen.

IRINA SLAWINA, 2. Oktober 2020

Diese Worte klingen jetzt bei Ukrainern, Russen und Belarussen nach. Es waren die letzten Worte der politischen Aktivistin und Chefredakteurin des Online-Mediums *Koza.Press*, Irina Slawina. Am 2. Oktober 2020 um 15.30 Uhr beging sie vor dem russischen Innenministerium in der Oblast Nischni Nowgorod einen Akt der Selbstverbrennung. In einem letzten Facebook-Post um 15.20 Uhr machte sie die Russische Föderation für ihren Tod verantwortlich. Zuvor war Slawinas Wohnung im Rahmen eines Strafverfahrens gegen die Aktivitäten einer unerwünschten Organisation, für die die Journalistin als Zeugin auftrat, durchsucht worden. Die Durchsuchung dauerte viereinhalb Stunden. Ihre gesamte Ausrüstung, Mikrofone, Kamera, Computer und Festplatten, wurde beschlagnahmt. Slawina konnte ihre Arbeit nicht fortsetzen, ihr wurde alles abgenommen.

Am 24. Februar 2022 um 4 Uhr morgens marschierten russische Truppen in die Ukraine ein. Zahlreiche Tote und Verletzte in der Ukraine, ungezählte Verhaftungen wegen der Proteste in Russland. Die Zahl der Demonstranten und der Verhafteten in Belarus ist nur grob zu schätzen, aber es ist bekannt, dass es auch dort zu Verhaftungen kam. Sie haben Angst. Wir haben Angst. Alle. Ukrainer unter Bombenangriffen. Russen und Weißrussen unter Schlagstöcken und in Haft. Für unseren Tod machen wir die Russische Föderation verantwortlich.

Tausende russische und belarussische Familien versuchen, zumindest einige Informationen über ihre Verwandten in der Ukraine zu erhalten. Sie gehen mit »Kein Krieg«-Plakaten auf Demonstrationen. Sie werden verprügelt, verletzt und verstümmelt, in Polizeiwagen geworfen. Allein am 6. März 2022 wurden mehr als 4 870 Menschen bei Antikriegskundgebungen in 59 russischen Städten festgenommen. Bei den Festnahmen schlugen Polizei, OMON und Rosgvardia mit Knüppeln auf Demonstranten ein, setzten Elektroschocker ein, traten mit Stiefeln auf Wehrlose ein. Es gab Tote. Seit dem 24. Februar wurden innerhalb eines Monats, bis zum 25. März, 15 099 Menschen wegen Antikriegsaktionen in Russland festgenommen.

Alle unabhängigen Medien in Russland sind blockiert, Facebook und Twitter sind gesperrt, alle Oppositionsführer entweder verhaftet oder gezwungen, ins Ausland zu gehen. Es wurden neue Gesetze verabschiedet: Strafen für die Berichterstattung über die tatsächliche Lage in der Ukraine, für die Missbilligung der Handlungen der russischen Regierung in der Ukraine, für die Forderung nach Sanktionen: bis zu drei Jahre, aber wenn das Gericht es will, geht man für 15 Jahre ins Gefängnis, auch das sieht das Gesetz vor. Es ist verboten, den Angriff Russlands auf die Ukraine als Krieg zu bezeichnen. Es handelt sich um eine »besondere militärische Operation«. Abgesehen von der Unterstützung durch Nordkorea, Syrien, Eritrea und Belarus befindet sich Russland in völliger Isolation. Die Menschen verlieren ihre Arbeit, Lebensmittel werden nur noch in begrenzten Mengen verkauft, die Flugverbindungen sind ausgesetzt. Diejenigen, die nicht ausreisen können oder es einfach nicht rechtzeitig getan haben, sind mit den Mördern in einem Käfig gefangen. Die kriminelle Regierung hat finanzielle Reserven, die Bevölkerung nicht. Wie lange sie durchhalten kann, kann niemand sagen. Und auf die Frage, mit der Putin die Demonstranten so gerne erschreckt hat: »Ach, ihr wollt die Neunzigerjahre zurückhaben ...?«, antworten jetzt viele: »Ja, Wladimir Wladimirowitsch, das wollen wir. Das wollen wir wirklich.«

Putin, der die Geschichte so liebt, hätte sich besser nicht an Petschenegen und Polowzianer erinnern sollen, die im 10. Jahrhundert die Rus angriffen und Kiew (vergeblich) belagerten, sondern an die Tatsache, dass Russland immer dann Kriege gewann, wenn es sich verteidigte, aber verlor, wenn es angriff. Er hätte sich an den Krimkrieg 1853–1856 oder den Russisch-Japanischen Krieg von 1904–1905 erinnern können. Und er hätte auch einen Moment lang an das traurige Schicksal von Tyrannen denken können, vor allem an die, die während der Kriege gern im Bunker sitzen.

Ich verstehe, warum Putin den Krieg heute nicht als Krieg bezeichnen kann. So ist es nicht notwendig, militärische Verluste zu melden. Diejenigen, die jetzt in den Weiten der Ukraine sterben, werden also wahrscheinlich nicht einmal begraben werden. Zweitens kann Putin die »Spezoperation« nicht anders nennen – das würde das letzte und wichtigste Narrativ töten: den Sieg im Zweiten Weltkrieg, den Großen, den Vaterländischen Krieg. Aber nachdem die russische Armee mit dem Kiewer Fernsehturm zugleich Babyn Yar bombardiert hat und die Rosgvardia bei Protesten Veteranen des Großen Vaterländischen Krieges und Überlebende der Blockade aufgegriffen hat, ist alles vorbei. Was tot ist, kann nicht sterben. Und alles begann, als der Satz »Wir erinnern uns, wir trauern« durch »Wir können es wiederholen« ersetzt wurde. Ab jetzt wird alles wiederholt. Aber es ist schwierig, hier jemanden zu täuschen – die Russen in der Ukraine haben zu viele Verwandte und Freunde dort, um an den ukrainischen Nazismus zu glauben. Allerdings hat der Spezialoperateur Putin für Russophobie schon gesorgt. Verschwörungstheoretiker sollten vielleicht die Theorie aufstellen, dass er ein US-Agent ist und eigens nach Russland geschickt wurde, um das Land zu zerstören und dessen Bewohner zu Ausgestoßenen zu machen. So, das war's ... jetzt kann er gehen. Aber er geht nicht allein, er nimmt die halbe Welt mit. Man möchte die Pfleger anschreien und sie auffordern, dem Patienten den roten Knopf wegzunehmen, aber die Pfleger kommen nicht an ihn heran – der Patient hält großen Abstand. Auf jeden Fall hat er den Krieg gegen die Ukraine verloren. Jetzt bleibt nur noch, den Krieg gegen die Bevölkerung zu verlieren.

Ruhm der Ukraine!
Es lebe Belarus!
Russland wird frei sein!

Literatur

Die Seitenangaben in Klammern geben die im Text zitierten Stellen an, die Übersetzungen stammen, sofern nicht anders angegeben, von der Autorin.

2. Auf der Suche nach der nationalen Idee

Zitat von Mikhail Saltkykow-Schtschedrin aus: *Gesammelte Werke*, Band 12, Культурные люди (»Kulturmenschen«), Moskau 1971, zit. n. {https://www.litmir.me/br/?b=136969&p=1}, letzter Aufruf 08.03.2022.

Wladislaw Surkow, »Долгое государство Путина« (»Der langwährende Staat Putins«), in: *Nesawissimaja Gaseta*, 11.02.2019, {https://www.ng.ru/ideas/2019-02-11/5_7503_surkov.html}, letzter Aufruf 28.02.2022.

Pjotr Tschaadajew, Философические письма (»Die Philosophischen Briefe«) 1794–1856, in: ders., *Das Gesamtwerk und ausgewählte Briefe*, Band 1, Moskau 1991 (S. 323).

»Володин заявил, что России бросили вызов, направленный на разрушение ее основ« (»Wolodin sagt, Russland werde herausgefordert, seine Grundlagen zu zerstören«), in: *TASS*, 15. 05. 2021, {https://tass.ru/politika/11380979}, letzter Aufruf 28. 02. 2022.

Ljudmila Gubajewa, »Как творчество Сергея Шойгу спасает жизни« (»Wie die Arbeit von Sergej Schoigu Leben rettet«), in: *Realnoe Vremya*, 21. 08. 2021, {https://realnoevremya.ru/articles/223045-kak-tvorchestvo-sergeya-shoygu-spasaet-zhizni}, letzter Aufruf 28. 02. 2022.

3. Wir sind nicht einverstanden. Wir protestieren!

Zitat von Alexander Puschkin aus: *Die Hauptmannstochter*, Berlin 1988 (S. 195).

Mikhail Heller, *Машина и винтики. История формирования советского человека.* (»Maschine und Schrauben. Eine Geschichte der Entstehung des sowjetischen Menschen«), London 1985 (S. 29).

Alexander Sinowjew, *Гомо Советикус* (»Homo sovieticus«), Lausanne 1982 (S. 190).

»Песков возложил на протестующих ответственность за переполненные спецприемники« (»Peskow beschuldigt Demonstranten für überfüllte Haftanstalten«), in: *Interfax*, 04. 02. 2021, {https://www.interfax.ru/russia/749381}, letzter Aufruf 28.02.2022.

Sergej Dovlatov / Special programme, 13 September 1978. HU OSA 297-0-1-76217, {https://catalog.osaarchivum.org/catalog/osa:ca4647f2-d772-4d24-b334-89d9551acc70}, letzter Aufruf 28.02.2022.

4. Ein verrückter Drucker. Das Parlament als Repressionsapparat

Zitat von John Godfrey Saxe aus: Fred R. Shapiro, »Quote ... Misquote«, in: *The New York Times Magazine*, 21.07.2008, {https://www.nytimes.com/2008/07/21/magazine/27wwwl-guestsafire-t.html}, letzter Aufruf 28.02.2022.

5. Episches Theater: Von der Verfolgung zur Verhaftung zum Prozess

Zitat von Franz Kafka aus: *Der Proceß*, Frankfurt a. M. 1990 (S. 60).

Wladimir Iljitsch Lenin, »Brief an den Justizkommissar Dmitrij Kurskij«, 17. Mai 1922, in: ders., *Sämtliche Werke*, T. 45 (S. 190 f.).

Walter Benjamin, *Gesammelte Schriften*, Bd. VI., Frankfurt a. M. 1991 (S. 333).

Vitalij Dmitrievsky, Театр и суд в пространстве тоталитарной системы/ Системные исследования культуры (»Theater und Gericht im Raum des totalitären Systems / Systemstudien der Kultur«), St. Petersburg 2009 (S. 404–436).

6. Opposition ohne Position

Alexander Budberg, »Сакральная жертва« (»Das sakrale Opfer«), in: *Moskowskij Komsomolez*, 13. 03. 2004, {https://www.mk.ru/editions/daily/article/2004/03/13/117560-sakralnaya-zhertva.html}, letzter Aufruf 29. 02. 2021.

»Путин опасается, что оппозиционеры кого-то ›сами грохнут, а потом власти будут обвинять‹« (»Putin befürchtet, dass die Opposition ›jemanden umbringt und dann den Behörden die Schuld gibt‹«), in: *Interfax*, 29. 02. 2021, {https://www.interfax.ru/russia/233292}, letzter Aufruf 27. 02. 2021.

7. Politisches Theater und Simulakren

Forcia de Piles, zitiert aus der russischen Ausgabe: *Прогулки по Петербургу Екатерины Великой. Записки французского путешественника* (»Die Spaziergänge von Katharina der Großen durch St. Petersburg. Notizen eines französischen Reisenden«), Sankt Petersburg 2014.

Heiner Müller, »Wolokolamsker Chaussee«, in: ders., *Shakespeare Factory 2*, Berlin 1989, S. 245–250 (S. 246).

8. Die Memetisierung der politischen Satire

Walter Benjamin, »Paris, die Hauptstadt des XIX. Jahrhunderts«, in: ders., *Gesammelte Schriften*, Bd. V.1, Frankfurt a. M. 1991, S. 45–59 (S. 47).

Tatjana Frolova, »Дневник уборщицы« (»Tagebuch einer Putzfrau«), in: *Петербургский театральный журнал* (»St. Petersburger Theaterzeitung«), N 3/69 (2012), {https://ptj.spb.ru/archive/69/theatre-and-reality-69/dnevnik-uborshhicy/}, letzter Aufruf 14. 02. 2022.

9. Bots, Hamster und der Rest des Bestiariums

Dmitry Volchek, »Я был женщиной, индейцем и стариком« Признания кремлебота« (»›Ich war eine Frau, ein Inder und ein alter Mann‹. Bekenntnisse eines Kreml-Bots«), in: *Radio Liberty*, 28. 02. 2021, {https://www.svoboda.org/a/31119856.html}, letzter Aufruf 14. 02. 2022.

10. Russland – Land der erfüllten Dystopien

Zitat von Walter Benjamin aus: *Werke und Nachlaß*, Bd. 13.1, Berlin 2011 (S. 16).

Leonid Heller, *Вселенная за пределом догмы. Размышления о советской фантастике* (»Das Universum ist jenseits von Dogmen. Überlegungen zur sowjetischen Fiktion«), London 1985 (S. 130 f.).

»Мединский: у народа России имеется одна лишняя хромосома« (»Medinsky: Das russische Volk hat ein extra Chromosom«), in: *BBC*, 21.01.2013, {https://www.bbc.com/russian/rolling_news/2013/01/130121_rn_medinsky_usa_interview}, letzter Aufruf 28.02.2022.

Franz Kafka, *Der Proceß*, Frankfurt a. M. 1990 (S. 60).

Arkadi und Boris Strugatzki, *Трудно быть богом* (»Es ist schwer, ein Gott zu sein«), Moskaw 1990.

DJ Stalingrad, *Exodus*, Berlin 2013 (S. 22).

Boris Lanin, »Анатомия литературной антиутопии« (»Anatomie einer literarischen Anti-Utopie«), in: Общественные науки и современность (»Sozialwissenschaften und Modernität«), N 5 (1993) (S. 154–163), {http://www.ecsocman.edu.ru/ons/msg/198244.html}, letzter Aufruf 28.02.2022.

IRINA RASTORGUEVA, 1983 in Juschno-Sachalinsk geboren, ist Autorin und Grafikerin. Sie arbeitete als Journalistin für mehrere russische Zeitschriften und Radiosender. In jüngerer Zeit hat sie in der *Berliner Zeitung*, der *FAZ* und der Zeitschrift *Osteuropa* publiziert. Sie ist Gestalterin und Autorin im Medienkunstprojekt MODELL BERLIN, www.modellberlin.com.

Memes und Bilder in den Umschlagklappen bearbeitet von Irina Rastorgueva, bei berechtigten Ansprüchen an den Vorlagen bittet der Verlag um Nachricht.

Erste Auflage Berlin 2022

Göhrener Straße 7, 10437 Berlin
info@matthes-seitz-berlin.de

UMSCHLAG und SATZ: Hermann Zanier, Berlin, nach einem Entwurf von Pauline Altmann, Berlin
DRUCK UND BINDUNG: Druckhaus Sportflieger, Berlin
ISBN: 978-3-7518-0802-6

www.matthes-seitz-berlin.de

Inhalt

Dank an Thomas Martin für seine Hilfe bei diesem Buch

Gewidmet den russischen politischen Gefangenen, unerwünschten Menschenrechtsorganisationen und ausländischen Agenten

Fabian Saul

Boulevard Ring

103 Seiten, Klappenbroschur,
mit zahlreichen farbigen Abbildungen
ISBN 978-3-95757-632-3

Der Boulevard Ring ist der innerste Ring Moskaus, entstanden aus der abgetragenen Befestigungsmauer der Weißen Stadt, dem ältesten Teil der russischen Hauptstadt. Fabian Saul umrundet diesen ersten Ring immer und immer wieder. Sein passagenhafter Essay – zwischen 2016 und 2018 entstanden – spiegelt die Verwerfungen in der Wahrnehmung des Stadtraums. Saul trägt Fragment über Fragment zusammen, um das Bild einer Stadt entstehen zu lassen, in der sich Vergangenheit und Zukunft treffen. Der Leser schreitet den Ring mit dem Text ab und entdeckt das Raumgefüge einer Stadt, in der alle Wege in die Irre führen.

Markijan Kamysch

Die Zone oder Tschernobyls Söhne

134 Seiten, Klappenbroschur
ISBN 978-3-7518-0801-9

Die Zone, das sind verwilderte und magische Gefilde, eine Terra non grata seit dem Reaktorunfall von Tschernobyl im Jahr 1986, dessen Schäden Markijan Kamyschs Vater als Liquidator zu beseitigen half, bevor er kurze Zeit später verstarb. Die Zone ist verödet, wird von manchen aber gerade deshalb aufgesucht. Zu ihnen gehört Markijan, ein Wanderer, ein Stalker, ein Entdecker, den die Zone auf seinen Streifzügen fasziniert und an seine Grenzen bringt. Davon handeln diese Betrachtungen, die Memoir und geografische Fiktion sind, eindrücklich und bedrückend, ein Zeugnis des ewigen Wandelns und Vergehens.